I知人
cons

胶囊式传记 记取一个天才的灵魂

IGOR STRAVINSKY
JONATHAN CROSS

斯特拉文斯基 胶囊传

〔英〕乔纳森·克罗斯 著　刘娟 译

上海文艺出版社

谨以此书纪念

约翰·埃弗里尔·克罗斯（1930—2014）

目录

前言：寻找伊戈尔　　　　　　　　　　　001

序章：斯特拉文斯基如何成了"斯特拉文
　　　斯基"　　　　　　　　　　　　001

1. 圣彼得堡之子　　　　　　　　　　011

2. 俄罗斯芭蕾　　　　　　　　　　　033

3. 丑闻画像　　　　　　　　　　　　051

4. 第一次流亡：瑞士、战争与革命　　069

5. 一次与创作有关的顿悟：巴黎风格和新古典
　　主义　　　　　　　　　　　　　089

6. 荣耀归于神　　　　　　　　　　　127

7. 一段非比寻常的创作合伙关系：斯特拉文
斯基与巴兰钦　　　　　　　　　　　145

8. 另一场战争，另一个国家　　　　　169

9. 一部与歌剧有关的歌剧　　　　　　183

10. 危机与出路　　　　　　　　　　　201

11. 一位现代世界公民　　　　　　　　217

终章：斯特拉文斯基仍在　　　　　　　239

部分参考文献　　　　　　　　　　　　249
部分唱片和影像作品目录　　　　　　　253
致谢　　　　　　　　　　　　　　　　257
图片致谢　　　　　　　　　　　　　　259

伊戈尔·斯特拉文斯基，约1930年

前言：寻找伊戈尔

想一个象征着俄罗斯、俄罗斯人的符号。首先映入脑海的会是什么？最有可能的是一个木制娃娃，它嵌套在尺寸逐渐递增的许多其他木制娃娃内，被装饰成一个乡村女孩或妇女，有着黑色的眼睛和勾画分明的睫毛、玫瑰色的红脸颊。她总是戴着头巾，身着缀有鲜艳花朵的围裙。这就是玛特廖什卡——俄罗斯套娃。玛特廖娜或玛特里奥沙是一个普通的农家女孩名字。这个词的词根是拉丁语 *mater*，与现代俄语中"母亲"一词相关。因而，对于俄罗斯人而言，玛特廖什卡便被亲切地与母亲和母性形象关联了起来，并由此与俄罗斯祖国这一概念相关。植根于一个与这片土地紧密联系的古老民族的技艺和传统，这些小木娃娃代表着一种不朽的罗斯理念。于外人而言，玛特廖什卡娃娃也通常被认为象征着一种令人难以琢磨的俄罗斯精神。用温斯顿·丘吉尔在二战爆发时的一句名言来说，俄罗斯"是一个谜团里头的谜题裹着的谜语"。

在俄罗斯，木工有着悠久传统，这一点毋庸置疑。谢尔盖耶夫镇是一个著名的民间艺术中心，它位于莫斯科以北约 70 公里。"拉多涅日的圣谢尔盖在 13 世纪制作了谢尔盖耶夫镇的第一个玩具……沙皇的孩子们早在1628年就收到过来自谢尔盖耶夫镇的玩具……[到了]1880年,谢尔盖耶夫镇坐拥322家玩具作坊"。[1] 但是,这其中没有玛特廖什卡。如今著名的玛特廖什卡娃娃直到1899年才首次出现在谢尔盖耶夫镇。[2] 嵌套娃娃的理念实际上是从日本进口。人们普遍认为,第一个俄罗斯玛特廖什卡娃娃是在阿布拉姆采沃艺术村中绘制而成。那是一个由富裕的铁路大亨萨瓦·马蒙托夫(Savva Mamontov)和妻子伊丽莎白(Elizaveta)在谢尔盖耶夫镇外不远的庄园中建立起来的艺术家聚集地。阿布拉姆采沃成了一个艺术、歌剧的大熔炉,在此酝酿着一种俄罗斯新民族主义美学。玛特廖什卡虽然植根于农民手工艺品,但是它诞生自一种既贵族又现代的渴望,即保存迅速消逝的过去,并向更广泛的公众传播俄罗斯这一理念。1900年,在巴黎世界博览会上,一件玛特廖什卡娃娃样品与其他俄罗斯民间艺术品一起展出,自此成为抢手的国际商品。在它斩获奖项后,订单开始迅速涌入,让一代又一代俄罗斯工匠保住了饭碗。在这场展览上,有一位看到这个娃娃的俄罗斯游客,名叫谢尔盖·佳吉列夫(Sergey Diaghilev)。这不禁让他思考,在巴黎,人们对于进口具有标志性意义的俄罗斯物件的热情,或许延伸到

---

[1] 雷特·埃特尔(Rett Ertl),里克·希伯德(Rick Hibberd),《俄罗斯玛特廖什卡艺术》(*The Art of the Russian Matryoshka*, Boulder, CO, 2004),p. 3。
[2] 同上,p. 8。

了大宗生产的木制小雕像之外。

事实证明,那些西方确信是古老俄罗斯民间精神的原真体现的东西,实际上是一种新发明,其推手是现代性的两大双生子:怀旧和商业。

1898年,就是玛特廖什卡出现的前一年,在佳吉列夫的领导下,一群富裕、年轻的圣彼得堡艺术家和思想家在"艺术世界"(Мир искусства)的旗帜下首次公开惊艳亮相。"艺术世界"既是一本杂志,也是一项运动,专注于以激进的方式呈现一种源自民间传统的新俄罗斯艺术。其中有些人甚至与阿布拉姆采沃有过接触。事实证明,他们对于早期伊戈尔·斯特拉文斯基(Igor Stravinsky)的影响具有决

1900年,巴黎,世界博览会全景

定意义。不出十年，斯特拉文斯基及其合作者们就会取用旧俄的一些故事、艺术和音乐，令它们脱胎换骨，变成一部出口巴黎的芭蕾。法国人喜爱火鸟的魅力、色彩和被发明的原真性。他们欣然接受它，就像接受玛特廖什卡一样。他们也欣然接受了后来把法国当成家乡并且将自己重新打造成法国人的斯特拉文斯基。为了迎合第一次世界大战后的新局势，他在音乐中展现出一种新的法式姿态。几十年后，为了呈现一位美式斯特拉文斯基，这个"娃娃"被再一次拧开拆散。为了表示对东道主的敬重，他会说起另一门新语言。

为自我重塑大师伊戈尔·斯特拉文斯基作传是一项不可能的任务。确实，得益于一批杰出学者孜孜不倦的工作，与他一生相关的诸多事实和行为习惯如今已经广为人知。他们毕生致力于研究满是信函、日记、手稿、合同、医疗和法律账单的档案，以及其他大量相关材料；他们搜寻证据以确认或是反驳由斯特拉文斯基自己、家人、支持者和辩护者公开发表的言论。然而，许多未知事物、不确定因素和矛盾仍然存在。即便那些非常熟悉斯特拉文斯基的人（在世或离世）的证言也不值得完全信任，因为他们讲述的一些故事前后并不一致。所以，我们应该去哪里寻找"真正的"伊戈尔·斯特拉文斯基呢？当我们遇到他的时候，怎么才能认出他？

就像玛特廖什卡，斯特拉文斯基诞生在一个瞬息万变的世界。在他有生之年，他出生时的国家变得几乎无法辨认。作为一位流亡者，斯特拉文斯基主要从远处观察着这种变化，但战争与革命、疾病与死亡仍然留下了伤口。他鲜少谈论这些事情。但是，伤口无疑就在那里，它们可以在他创作的音乐中被听见。就像玛特廖什卡，他的艺术诞生自怀旧之情，这是对一个已经不复存在的俄罗斯的怀念，对一个也许是想象中的俄罗斯的怀念。但是，这是一个形塑了他的俄罗斯，是一个他出于现代目的而转头望向的俄罗斯，为的是向一个同样经历失落的世界诉说（应该说，取得了一些商业上的成功）。斯特拉文斯基的一生只是动荡时代背景下的缩影。他的音乐以精妙而复杂的方式记录了他的一生，以致其他人或许也能在其中觉察到自己对于该时代的反应。

关于斯特拉文斯基，我们永远无法确信什么，即使在他看似真情实感地讲着真话的罕见场合。毕竟，他曾经说过一句名言（更确切地说，是他的自传代笔作家说过）：音乐根本什么也表现不了。我们怎么能够确信这种哀歌或者那种爱的表达是真切的呢？听众上当了吗？这重要吗？也许我们无法找到原真的斯特拉文斯基。关于原真的斯特拉文斯基，他的音乐说了什么？关于原真的俄罗斯，玛特廖什卡说了什么？也许我们有的只是"斯特拉文斯基"——他自己和其他人的一项发明。但是，这项发明本身就是一个时空的产物。在寻找斯特拉文斯基其人、他所处的时代和他的艺术之间的关联时,我这本"评传"的目的不过是简单地说一说伊戈尔·斯特拉文斯基的音乐如何以及为何如此强有力地反映了它所处的时代而已。

序章：斯特拉文斯基如何成了"斯特拉文斯基"

1971年4月9日，星期五，耶稣受难纪念日。在纽约市麦迪逊大道与第81街拐角处，服务富豪名流的弗兰克·E. 坎贝尔殡仪馆沉闷但整洁。殡仪馆门外，少说从中午开始，人群便已慢慢聚集了起来，记者、摄影师、音乐爱好者和其他许多人默然肃立。有些人长途跋涉来到这里。他们来向一位伟大的音乐家道别，其庄严的丧礼仪式即将在追悼礼拜堂举行。人行道上站着两位四十五六岁的欧洲作曲家，一位是卢恰诺·贝里奥[1]，另一位是安德烈·鲍科莱契利耶夫[2]。刚去世的作曲家对他们的音乐产生了无法估量的影响。在伸长了脖子想从敞开的门里窥探一眼丧礼进程时，他们偶尔会交流一下眼神。有一个从未见过逝者的年轻学生，依然认为自己很有必要出现在这个寒冷的春日下午。他断断续续地对《纽约时报》的一位通讯员说："这是我在用自己的方式表明他的音乐对于我的意义。"

1　Luciano Berio（1925—2003），意大利作曲家。——译者注
2　André Boucourechliev（1925—1997），保加利亚裔法国作曲家。——译者注

接近下午 3 点的时候，遗孀在逝者的助手兼密友的搀扶下出现，分开了正在耐心等待的人群。他们迅速走进礼拜堂，被引导到了右侧前排。在左侧坐着的，是作曲家依然健在的女儿、两个儿子和二人的妻子、一个孙子和一个孙女。礼拜堂左右两侧的距离揭露了逝者令人痛心的紧张家庭关系。在最后时刻，作曲家的出版商代表匆忙坐到了遗孀旁边的位子上，像她一样向过道另一侧的亲属亮明态度。仪式伴随着作曲家自己创作的音乐开始，唱诗班用古斯拉夫语温柔地吟咏："Otche nash……"意为"我们在天上的父……"在这一刻，逝者出生时所在的旧俄罗斯世界和他去世时所在的现代美国世界之间显而易见的鸿沟似乎迅速弥合了。

这位生命悄然消逝仅仅三天的作曲家是伊戈尔·费奥多罗维奇·斯特拉文斯基。4 月 6 日午前 5 点 20 分，他在第五大道新购置的十房公寓里悄无声息地逝世，这与随之而来世界范围内的嘈杂反应形成了强烈对比。据说，从这位作曲家去世那一刻起，他的私人助理就已经开始忙活。大作曲家离世的消息成了当天 6 点晨间广播的头条新闻。这间公寓迅速被电报、慰唁信息、鲜花和电话淹没。一个极为私密的时刻迅速变成了一个公共事件。看起来，所有人都认为斯特拉文斯基属于他们，就像全球各大报刊隔天清楚表明的那样。爱德华·格林菲尔德（Edward Greenfield）在《卫报》头版宣称："毋庸置疑，他是 20 世纪音乐界最出类拔萃的人物。"《华盛顿邮报》的保罗·休姆（Paul Hume）评价更高，称斯特拉文斯基是"整个音乐史上最伟大、最具原创性的天才之一"。《纽约时报》的一篇社评称赞他"是所有现代艺术家中最现代的一个"。大量报纸迅速行动，开始从现代音乐和舞蹈界的国际大师们那里搜集悼词。他们都认识或是与斯特拉文斯基共事过：奥托·克伦佩勒、利奥波德·斯托科夫斯基、伊萨克·斯特恩、伦纳德·伯恩斯坦、艾伦·科普兰、弗吉尔·汤姆森、弗雷德里克·阿什顿和乔治·巴兰钦等。正如哈罗德·C. 勋伯格在同期《纽约时报》中所称，斯特拉文斯基的影响"无处不在"。

这类与斯特拉文斯基及其音乐相关的世界主义言论，甚至在他的遗体被埋葬之前就已经出现，这一点几乎不会让我们感到诧异。在斯特拉文斯基一生中的大多数时候，他自己在很大程度上承担起了打造自己人设的责任：他是一位国际人物，一个能够与所有人沟通的人，他的音乐采用的是一种超越民族边界和身份的世界语。这一如今被讣告作者们采用的论调，当然有利于强化一个甚至持续至今的观点，即斯特拉文斯基是离我们最近的一位"伟大作曲家"，一位重要性堪比贝多芬的作曲家，他说的是"所有民族中最纯粹的语言"（瓦格纳论贝多芬语）[1]。

---

[1] 理查·瓦格纳（Richard Wagner），《贝多芬》（*Beethoven*, Leipzig, 1870, p. 26; trans. by Scott Burnham in *Beethoven Hero*, Princeton, NJ, 1995, p. 155）。

斯特拉文斯基去世后那些天，几乎没有哪位评论家不提及《春之祭》，这是一部不仅与作曲家，而且与整个时代划上了等号的作品。其音乐的原始力量，与那种伴随其首演且经常被提及的骚乱一起，为《春之祭》注入了一种革命性的无畏力量，将它直接与贝多芬的《英雄交响曲》、《费德里奥》和《第九交响曲》关联了起来。在《爱尔兰时报》4月7日的悼词中，查尔斯·阿克顿（Charles Acton）明确地给出了这种理解。

> 关于那些永垂不朽的人，普通人能够写些什么呢？……面对贝多芬之死，人们当时可以写些什么呢？在50年或是200年之后，不论针对斯特拉文斯基音乐的定论是什么，他和整个世纪的音乐都紧密相关，就像贝多芬和上个世纪的音乐那样……并且毫无疑问的是，对于作为整体的人类而言，贝多芬在1770年的诞生和斯特拉文斯基在几乎整整两个世纪后的去世定义了我们历史的一个时期。

他不是唯一一个脑子里想着贝多芬的人。关于1971年4月6日晚在坎贝尔殡仪馆为斯特拉文斯基举行的第一场祷告仪式，罗伯特·克拉夫特（Robert Craft）描述说：

> 一件奇妙的事情发生了。在我们离开公寓的时候，反季的雪花开始飘落，风儿也开始怒吼。此刻，随着大主教念出

"伊戈尔"的名字,三声巨雷作出了回应,仿佛大自然正在确认他在自然力世界中的死亡。[1]

这与1827年贝多芬去世后的相关报道显然有相似之处。

> [三月]二十六号,周一。天寒地冻。雪花、北风不断。近四点,天色昏暗。暴风雪肆虐,电闪雷鸣。风云色变。三声贯耳的雷鸣紧随其后。路德维希·范·贝多芬在晚上近六点时死于水肿,享年五十六岁。他已经不在人世。他的名字将在光辉中永生。[2]

这两种说法都已无可考证,但可以肯定的是,哪一种都不缺乏想象力。两种说法都通过充满神圣色彩的数字3表明一种普世真理,都将施动性(agency)诉诸浪漫主义的自然。一位伟大的作曲家还需要什么更有力的证明呢?通过这类方法,贝多芬其人变成了"英雄贝多芬",而伊戈尔·费奥多罗维奇则变成了"斯特拉文斯基"。直到去世那一天,斯特拉文斯基生平的许多细节在很大程度上仍然是不能说的秘密——拈花惹草的他、贪财的他、排犹的他、

---

[1] 罗伯特·克拉夫特,《斯特拉文斯基:友谊纪事》(*Stravinsky: Chronicle of a Friendship*, revd and expanded edn, Nashville, TN, 1994),p. 547。
[2] 出自约翰·卡尔·罗森鲍姆(Johann Carl Rosenbaum)的日记;转引自大卫·温·琼斯(David Wyn Jones),《贝多芬生平》(*The Life of Beethoven*, Cambridge, 1998),p. 181。

势利的他、自恋的他、残酷的他、疑病症的他、脆弱的他。对于一位在日渐痴迷名利的年纪过着名人作曲家生活的人来说,这或许并不令人感到惊讶。但是,斯特拉文斯基在生前就已经变成了"斯特拉文斯基",这具有浪漫主义色彩的英雄性普世作曲家身份一直主导着世人对他的接受状况。我们或许可以说,在去世那一刻,斯特拉文斯基变成了另一个贝多芬。

如果回头看一下4月9日在麦迪逊大道殡仪馆礼拜堂里的送葬者,有一点很明确,那就是"斯特拉文斯基"的理念已经超越了斯特拉文斯基其人。在红木棺柩对面的靠背长椅上,同时坐着迈克尔·惠特尼·斯特雷特(Michael Whitney Straight)和阿纳托利·久热夫(Anatoly Dyuzhev)。斯特雷特是美利坚合众国总统理查德·尼克松的代表、国家艺术基金会主席,前苏联间谍,而久热夫则是苏联驻美大使馆文化专员。这两个冷战对立政体的政治中心都向斯特拉文斯基的遗孀薇拉·斯特拉文斯基(Vera Stravinsky)发来了慰问。白宫对于斯特拉文斯基的描述,很容易让人想起贝多芬的《第九交响曲》:

> 一位音乐界的巨人。他才华横溢且具有划时代意义的创作已经影响了整整一代音乐家——男男女女都受到了他创造力的启发,也面临着由他的伟大所带来的挑战。他的天资所具有的强大力量定能助力全人类团结一心,他的去世影响之

大超越了所有国家的边界。

苏联文化部长福尔采娃（Yekaterina Furtseva）的唁电则写道：

> 怀着最悲恸的心情，我们惊悉这位最伟大的当代作曲家逝世……与您一起哀悼他。谨以苏联全体艺术工作者和我本人的名义，向您致以最诚挚的慰问。

看起来，贝多芬和席勒的"欢乐颂"中所颂扬的团结友爱和五湖四海皆兄弟的理想因斯特拉文斯基的逝世得以实现。或者，更甚之，我们可以说，双方都得以宣称斯特拉文斯基属于自己，因为各方都认为斯特拉文斯基代表了自己的意识形态价值体系——够讽刺的是，这是因为斯特拉文斯基的作品已经被理想化，目的就是为了能够超越意识形态和政治进行叙说。斯特拉文斯基一生中大多数时候都在公开表露自己对于故国及其文化、当然还有对苏联的敌意，他只在晚年踏足过一次后革命时代的俄罗斯，他的音乐甚至在1950年代被美国中情局（CIA）资助的一个部门用作反苏宣传的一部分——这些都与"斯特拉文斯基"现在变成什么样无关。就像贝多芬的去世，斯特拉文斯基的逝世触动了许多人。准确地说，这是因为他的音乐变得对每个人都有些意义。就像弗朗兹·施特贝尔[1] 1827年的著名画作所绘——为了一睹贝多芬的送葬队伍，成千上万的人排队站在维也纳的街道上——在将近一个半世纪以后的威尼斯，因为斯特拉文斯基在4月14日的最终葬礼，成千上万的人聚集在花海中的圣乔万尼暨保罗大教堂及广场附近，无数狗仔的镜头捕捉到了这一幕。随着斯特拉文斯基的棺椁被贡多拉载往圣米歇尔公墓岛上的最终安息之地，另有成百上千的人从"乞丐之地"（Fondamenta dei Mendicanti）观望，"悬挂"在窗户和运河桥上。许多人出于尊重跪倒在地，双手合十。一到潟湖的开阔水域，送葬队伍便被摄影师和电视团队的一条条船层层包围，每条船都在抢占位置，都在叫嚷着要拍出最好的照片。当薇拉·斯特拉文斯基向还未填土的墓穴丢进第一抔土，咔嚓作响的相机从爬满藤蔓、俯瞰着大师最后安身之所的墙顶捕捉到了这一时刻。

葬礼的邀请函中包含一份出自威尼斯市长乔治·隆戈（Giorgio Longo）的暖心悼词，它以一种传统的意大利方式张贴在城里各处的墙上。"威尼斯城向伟大的音乐家伊戈尔·斯特拉文斯基致敬，他曾以一种无与伦比的友好姿态表示，想要葬在这座他最爱的城市。"正如后来许多评论所说，这并不十分准确。是的，他爱威尼斯这座首演了《浪

---

[1] Franz Stöber（1760—1834），奥地利画家。——译者注

子的历程》等许多作品的城市。但是,他从未表达过想要被埋葬在那里的强烈愿望,那是别人的决定。然而,考虑到与斯特拉文斯基归属相关的诸多争议,威尼斯确是理想之选。既不是洛杉矶,也非列宁格勒,那么哪里会是比这座历史上横跨东西方的城市更好的选择呢?一座满是运河的城市,就像他童年时期的圣彼得堡;一座充满文化底蕴、时尚且十分富裕的城市,就像他选择居住的好莱坞;一座仿佛总是在回望过去的城市,就像他本人。这是一场在天

1971年4月15日,威尼斯,圣乔万尼暨
保罗大教堂外斯特拉文斯基的灵船

主教堂举办的东正教葬礼。它的舞台布景和调度比莱昂·巴克斯特（Léon Bakst）为俄罗斯芭蕾舞团所设想的一切都更为奢华。佳吉列夫早已在那里长眠，薇拉最终也会跟他一起。事后看来，选择威尼斯城作为埋骨之地仿佛不可避免，只有在那儿，斯特拉文斯基才能像在世时小心翼翼维护自己形象一样把控死后形象。

1. 圣彼得堡之子

奥拉宁鲍姆（Oranienbaum）小镇坐落于圣彼得堡以西约40公里的芬兰湾。它的名字取自一类见于大皇宫玻璃暖房（"橙园"）的异域植物，意为"橙树之镇"。大皇宫是一座在18世纪早期为彼得大帝的顾问亚历山大·缅什科夫（Aleksandr Menshikov）建造的宫殿。这件辉煌的巴洛克建筑作品采用的是圣彼得堡典型的德意风格，坐落于一座布局考究的荷兰风格庄园内。它后来成了彼得三世和叶卡捷琳娜大帝的乡村行宫，二人先后为庄园增建了多幢建筑，包括一座拼仿风格的城堡和一座中式宫殿。1744年，帝国瓷器厂在庄园边上落成，生产供帝国宫廷使用的顶级瓷器。这座拥有德式名称的俄罗斯小镇也是自称世界主义者的伊戈尔·斯特拉文斯基诞生的地方。他在俄罗斯与奶妈说着德语长大，成了一位作曲家，创作了《夜莺》（部分情节设定在中国皇帝的瓷制宫殿）、《普尔钦奈拉》（基于18世纪早期源自意大利的音乐），而且各类新古典主义"拼仿"既可见于他的单部作品，也贯穿他的整体创作。这么说来，奥拉宁鲍姆确是寻找斯特拉文斯基人生故事开端的合适地点。

这座橙树之镇如今被叫作罗蒙诺索夫（Lomonosov）。1882年6月5日（按老儒略历），伊戈尔·费奥多罗维奇出生在该小镇一个租来的木结构"达恰"[1]中，他的父母是费奥多尔·伊格纳杰维奇·斯特拉文斯基（Fyodor Ignat'yevich Stravinsky）和安娜·基里尔洛夫娜·斯特拉文斯卡雅（Anna Kirillovna Stravinskaya）——娘家姓霍洛多夫斯卡雅（Kholodovskaya）。1880年代，奥拉宁鲍姆是一个受欢迎的旅游胜地，圣彼得堡的艺术界人士会在夏天那几个月到此避暑。因此，著名的歌唱家兼藏书家费奥多尔选择举家来到这里再正常不过。在他们之前，穆索尔斯基就去过那里。在奥拉宁鲍姆的19世纪剧院里，费奥多尔曾在这位伟大的俄罗斯作曲家的歌剧《鲍里斯·戈杜诺夫》中扮演过瓦尔拉姆一角。到了伊戈尔出生的时候，这家人住在圣彼得堡克留科夫运河8号二楼66号公寓，楼对面就是马林斯基剧院，也就是帝国歌剧院所在之处。费奥多尔自1876年起便是剧院最重要的几位男低音歌唱家之一。他在此后的25年里出演了60多个角色，既擅长抒情的意式作品，也首演了由鲍罗丁、穆索尔斯基、里姆斯基-科萨科夫

---

[1] 俄语"乡间别墅"音译。——译者注

和柴可夫斯基创作的那些让他声名鹊起的歌剧作品。马林斯基剧院对于歌唱家之子的早期生活也产生了重大影响。伊戈尔·斯特拉文斯基最生动的童年记忆之一就是1892年被带去听父亲在格林卡歌剧《鲁斯兰与柳德米拉》首演50周年庆典演出上的演唱。那一次,他在门厅瞥见了柴可夫斯基。他后来写道,在马林斯基剧院听过的这些歌剧给他留下了"直接且无法磨灭的"印象。它们的痕迹散落在无数标志着这位作曲家职业进程的歌剧、芭蕾舞和其他舞台作品中。

帝国歌剧院还有一位叫费奥多尔的著名俄罗斯男低音歌唱家,姓夏里亚宾(Chaliapin)。他谈起过自己的这位前辈在1890年代享有的盛誉,也坦承自己直接从费奥多尔·斯特拉文斯基那里学到许多。伊戈尔·费奥多罗维奇记得,父亲拥有"美妙的嗓音和惊人的技巧",也极具戏剧才能,这是"那个时代的歌剧演唱家们少有的特质"。他是一位智识型演员,认真地研究过每一个角色。他会在家里精心准备,置身于藏有成千上万书册的私人图书馆中。这是他的私人空间。他是一个严厉而专断的人,孩子们都怕他。就像斯特拉文斯基在《自传》(*Autobiography*)中所写的那样,对于伊戈尔和他的三位兄弟罗曼(Roman)、尤里(Yury)和古里(Gury)来说,父亲的音乐永远只能"远远地"听到,"从兄弟们和我所在的儿童房中"。尽管如此,音乐仍是这套公寓必不可少的构成部分。伊戈尔可以从父亲的藏书中获取绝无仅有的资源，也能够在钢琴旁通过试奏歌剧总谱收获极大的愉悦感——他宣称这是一项从优秀的非职业音乐家母亲那儿继承下来的技能。

克留科夫运河上的这套公寓必定是一处拥挤的居所。除了六位家庭成员之外，公寓里还住着驻家贴身男仆谢苗·伊万诺维奇·索科洛夫（Semyon Ivanovich Sokolov）、一位芬兰厨子，以及不时到访的几个乳母和女仆。在那个时代，这在富裕的资产阶级家庭中很常见。后来，家里还请了德国保姆贝尔塔·埃塞尔特（Bertha Essert）。她在伊戈尔出生前一年加入了这个家庭，伊戈尔后来很爱她，把她当成第二位母亲。她对斯特拉文斯基家族两代人尽心竭力，不止照顾费奥多尔的孩子们，后来也看护着斯特拉文斯基的儿女。1917年，她在瑞士莫尔日（Morges）去世，比后来亲生母亲的离世对斯特拉文斯基的影响更大。贝尔塔逝世后，他伤心了几个星期。

安娜·基里尔洛夫娜在一种严苛的氛围中养大了孩子们。许久之后，斯特拉文斯基用"不开心"和"孤独"等字眼描述他的童年。他声称，他的母亲以折磨他"为乐"。然而，纵使严苛，安娜并非不爱他们。对于孩子们的健康，她担心得要命，而且也有正当理由。伊戈尔和尤里两个人都来来回回地遭受着肺结核的折磨。虽然伊戈尔自己的回忆录几乎没有提及长兄罗曼在1897年去世这件事——他认为父母对他们的第一个孩子表现出了不合理的偏爱，但它显然深深地影响了安娜和费奥多尔。两人都不曾公开表露过情绪，但是费奥多尔的个人笔记和安娜的信件暴露了这两位深受丧子之痛打击的家长。不出五年，费奥多尔也过世了，死于癌症。在伊戈尔·斯特拉文斯基晚年，他向罗伯特·克拉夫特讲述过相关细节。令人诧异的是，他记录的是围绕这场死亡相关仪式的戏剧性，而非他对这件事情的感受。斯特拉文斯基一家私底下感到十分难过。"在俄罗斯，悼念庄重而严格，与盖尔语地区那种守灵仪式不同。我们回到家中，每个人去自己房间，独自哭泣。"[1] 但是，斯特拉文斯基父亲的逝世给他留下了一道深深的印记。斯特拉文斯基始终在回避直接表露出悲恸或其他情绪，他一生都在通过出现在诸多作品中的连祷文形式重复这次特别的"间离戏剧性死亡体验"，尤其是在他那许多为逝世友人（从德彪西到狄兰·托马斯[2]）而作的音乐悼词中。[3] 我们甚至可以更进一步主张，距离与克制是斯特拉文斯基早年与生死相关的经历中的重要部分，它们成为他所有音乐的决定性特征。

斯特拉文斯基早年主要在家里接受教育，他被托付给

---

[1] 伊戈尔·斯特拉文斯基，罗伯特·克拉夫特，《呈示与发展》（*Expositions and Developments*, London, 1962, reprinted 1981），p. 51。
[2] Dylan Thomas（1914—1953），英国作家、诗人。——译者注
[3] 塔玛拉·列维兹（Tamara Levitz）对于斯特拉文斯基作品中死亡的讨论尤其具有启发性，参见其《现代主义之谜：珀耳塞福涅》（*Modernist Mysteries: Persephone*, New York, 2012），尤其是第七章"斯特拉文斯基的炼狱"（Stravinsky's Purgatory）部分，pp. 518—560。

了几位家庭女教师。直到11岁时,他才进入学校,在校成绩普普通通。尽管如此,不知道通过什么方式,他成功入读了圣彼得堡大学,修读法律(就像他父亲在基辅走的路)。对于中上阶层人士来讲,这是一条未来通往政府行政部门安稳工作的常见路径。但是,很明显,他的兴趣打小就在别处,即便他的父母并不热心鼓励他正儿八经地学习音乐。他会花大量时间在钢琴即兴演奏上面,这是一项他后来宣称非常重要的活动,因为"它播下了一些音乐想法的种子"。这种做法一直延续到了他的职业生涯中:钢琴一直是斯特拉文斯基的作曲"工坊",而且偶尔摆拍工作照的时候,他往往会被安排坐在钢琴旁。他一开始是跟圣彼得堡音乐学院一位名叫亚历山德拉·斯涅特科娃(Alexandra Snetkova)的优秀学生上钢琴课。后来时机一到,就换成了安东·鲁宾斯坦一位名叫列奥卡季娅·卡什佩洛娃(Leokodiya Kashperova)的出色学生。通过她,斯特拉文斯基收获了与德国和俄罗斯钢琴曲目相关的经验和理解。斯特拉文斯基在传记中对她很刻薄,但也有风度地承认,她是一位杰出的音乐家,不仅为他的演奏带来了新的动力,也推进了他的技术发展。当斯特拉文斯基在1920年代着手将自己重新打造成一位音乐会钢琴家,以便能够演奏自谱《协奏曲》的独奏部分时,卡什佩洛娃一定还在一旁指导他每天进行高强度手指灵活度训练。

1899年前后,圣彼得堡,
伊戈尔·斯特拉文斯基和他最小的弟弟古里

对于斯特拉文斯基而言，冬天意味着圣彼得堡，夏天意味着俄罗斯乡村。他晚年向克拉夫特回忆早年生活（可靠程度不一）时称，圣彼得堡充满各类伴随他一生的景色和声响。他记得从附近营房飘进儿童房的海军陆战队乐队的笛鼓合奏。他记得，伴随着鹅卵石街道上马车铁车轮的声音，"整座城市噼里啪啦作响"。他满怀伤感地回忆起一位孤独的街头手风琴演奏家和一支咖啡馆巴拉莱卡琴乐队。他尤其清楚记得街头小贩的叫卖声——鞑靼人的"哈拉哈拉"，冰淇淋商人和磨刀人的俄语叫卖声，这些记忆都被他用进了《彼得鲁什卡》开头的生动场景。"这座城市最吵闹的日常噪声是尼古拉大教堂连续不断的钟声轰鸣"，这座教堂距离克留科夫运河公寓仅数百米。这些钟声只不过是诸多独特教堂钟声中的一组，它们既是圣彼得堡的典型特征，也是更普遍意义上的俄罗斯景观的一部分。它们响彻伴随着斯特拉文斯基长大的俄罗斯音乐——从穆索尔斯基的鲍里斯·戈杜诺夫加冕，到柴可夫斯基笔下拿破仑在博罗季诺的失利，再到里姆斯基-科萨科夫音乐中的各处。《火鸟》结尾响起了庆贺性的钟声，《安魂圣歌》结尾响起了丧钟：斯特拉文斯基的所有音乐几乎都以俄罗斯式钟声结尾。

关于圣彼得堡的建成环境（built environment），斯特拉文斯基不无伤感地回忆起证券交易所、斯莫尔尼大教堂修道院、亚历山德里娜剧院、冬宫、海军部，以及最重要的马林斯基剧院。他记得这座城市的许多广场，曾经在其中一个广场第一次见到"彼得鲁什卡"木偶剧。对于斯特拉文斯基来说,圣彼得堡是一座赭色的城市(像罗马一样),它的那些意式建筑,"不是简单地模仿而成,而是直接出自夸伦吉[1]和拉斯特雷利[2]等建筑家之手"。但它既不是意大利,也不是古老、神秘的罗斯。它是欧式风格的俄罗斯。它是一座现代启蒙城市,在18世纪初期从贫瘠的沼泽地拔地而起,成了彼得大帝新帝国的首都。实际上,正如奥兰多·费吉斯(Orlando Figes)所说,圣彼得堡不止是一座城市:它是"一个大型、几近乌托邦式的文化工程项目,目的是按照欧洲人的样子重新打造俄罗斯人"。而且它被打造成了"一件艺术作品",或者更甚之,随着早期欧洲游客来访,它被打造成了一家剧院。其中,建筑物是它的布景,而人则是它的演员。[3] 它的布局借鉴了阿姆斯特丹和威尼斯这些运河城市,建筑风格仿制了那些在英国、法国、荷兰和意大利所能见到的最气派的蓝本。然而,"在这一欧洲化理想世界的表象之下,旧俄罗斯依旧隐约可见":"这个欧洲化的俄罗斯人,在公共舞台上是'欧式的',而在私人生活中是'俄罗斯式的'——在这些时候,他会不假思索

---

[1] Giacomo Quarenghi(1744—1817),意大利建筑师。——译者注
[2] Bartolomeo Rastrelli(1700—1771),意大利裔俄罗斯建筑师,洛可可建筑大师,作品有冬宫、斯莫尔尼修道院等。——译者注
[3] 奥兰多·费吉斯,《娜塔莎之舞:俄罗斯文化史》(*Natasha's Dance: A Cultural History of Russia*, London, 2002), pp. 10, 7。

地用一种俄罗斯人特有的方式行事"[1]。斯特拉文斯基后半生将花费大量时间"扮演"欧洲人,接受欧式习惯和风尚,借用欧式文化和音乐。从在巴黎第一次获得成功那一刻起,他就公开讥讽圣彼得堡又小又守旧,迅速撇清自己与这座养育了他的城市之间的关系。然而,私底下,他一直是一个彻头彻尾的俄罗斯人。1962 年,近半个世纪之后第一次回到俄罗斯,他就向《共青团真理报》公开表明:"我毕生都在说俄语,我用俄式思维思考,我表达自己的方式也是俄式。或许,这在我的音乐中不是那么显而易见,但是它就隐藏在那里,这是它隐蔽天性的一部分。"[2] 他是彼得堡的亲儿子,但是只有在成为一位老人的时候,他才终于准备承认,这座城市"比世界上其他任何一座城市都更亲近他的内心",而且这座城市对他后来变成的那个人和那位艺术家都产生了深刻的影响。

"在努力让自己与外国人自如相处的时候,他们最终成为了家乡的外国人。"[3] 外来性一直是圣彼得堡构成的中心,俄罗斯在这个地方被藏匿了起来,但是在乡村能接触到一个更为"原真的"俄罗斯。慢慢地,在 19 世纪,紧随

---

[1] 奥兰多·费吉斯,《娜塔莎之舞:俄罗斯文化史》(*Natasha's Dance: A Cultural History of Russia*, London, 2002), pp. 13, 44—45。
[2] 《爱音乐!》,载《共青团真理报》(1962 年 9 月 27 日),转引自理查德·塔拉斯金(Richard Taruskin),《斯特拉文斯基与俄罗斯传统:一部以〈玛芙拉〉为切入点的作品传记》(*Stravinsky and the Russian Traditions: A Biography of the Works through 'Mavra'*, Oxford, 1996), p. 13。
[3] 奥兰多·费吉斯,《娜塔莎之舞》, p. 53。

贵族的脚步，中上阶层也开始在乡间购买或是租赁夏屋。他们会从城市里退隐到森林、海边的"达恰"中，过一种更为简单的生活，更加贴近自然和农村人的习惯。对斯特拉文斯基来说，这很重要。他的传记正是从对乡下夏天的记忆开始："我现在能看到它。一位魁梧的农民，坐在树桩上。我的鼻子里是新伐木材刺鼻的树脂味。这位农民只穿了一件红色短衬衫。"其中，与音乐有关的回忆最为重要。斯特拉文斯基记得这位农民刺耳的弹舌声，记得他快速演唱的歌曲只有两个没有意义的音节，也记得他用腋窝屁为自己伴奏的方式，这让小伊戈尔忍俊不禁。他记得邻村女人结束全天工作后走在回家路上的齐唱，他尤其记得自己

圣彼得堡，马林斯基剧院

因为能够准确模仿她们的演唱而受到夸赞。在自传中，他带着十足的后见之明，宣称这标志着"我开始意识到，自己是一位音乐家"。鉴于斯特拉文斯基彼时还不到两岁，这根本不可能。然而，甚至在1950年代末与克拉夫特交谈时，他都提到了这个与乡下妇女有关的故事，而且仍然能够唱出她们歌曲的旋律。[1]

除了在德国旅行的日子，斯特拉文斯基一家在富裕亲戚们的各乡间住所里度过了1890年代那些漫长的夏天。萨马拉地区巴甫洛夫卡（圣彼得堡东南1500公里）的偏远庄园属于斯特拉文斯基母亲的姐姐索菲亚（Sof'ya）和她的丈夫亚历山大·叶拉契奇（Alexander Yelachich）。斯特拉文斯基非常喜欢这位昵称"阿利亚（Alya）"的姨父，他是圣彼得堡的一位高级公务员，却思想开放。斯特拉文斯基会和他讨论当下的政治和音乐。1903年，就是在这里，他开始创作自己的第一部重要作品《升F小调钢琴奏鸣曲》，它受到了柴可夫斯基（"我童年时期的英雄"）、格拉祖诺夫和斯克里亚宾的影响。叶卡捷琳娜（Yekaterina）是安娜另一位姐姐，她嫁给了亚历山大·叶拉契奇的哥哥尼古拉（Nikolay，于1877年逝世），在乌克兰西部的佩奇斯基有一处大庄园。整体来说，斯特拉文斯基关于佩奇斯基的记忆并不愉快。他瞧不上姨母——"一位高傲而专横的女人，

---

[1] 伊戈尔·斯特拉文斯基、罗伯特·克拉夫特，《呈示与发展》，p. 36。

从来没有向我表露出任何善意"。罗曼就是在那里去世,并被葬在那里。尽管如此,斯特拉文斯基确实愉快地回忆起了乡村生活的某些方面:一些临近城镇的市集,许多鲜艳的农民服饰,一些音乐和舞蹈竞赛,所有这一切后来都被他融进了《彼得鲁什卡》。

但是,在斯特拉文斯基心里,情感最深的地方还是那个叫乌斯蒂鲁格(Ustilug)的村庄,它坐落在乌克兰西部沃利尼亚地区的森林和麦田之间,距离今天的波兰边境仅数公里。1890年,斯特拉文斯基随家人第一次去了那里。它是姨母玛丽亚(已于1882年去世)的丈夫加夫里尔·诺先科(Gavriil Nosenko)医生和他两个女儿柳德米拉(Lyudmila)和叶卡特琳娜(Yekaterin)的夏屋所在之地。从他跟叶卡特琳娜——小名卡佳(Katya),即后来的凯瑟琳——在一起的最初那几个小时开始,

> 我们似乎都意识到,我们有一天会结婚——至少我们后来是这么告诉彼此的。或许我们一直以来都更像姐弟。我是一个异常孤独的孩子,而且想要一个姐姐。凯瑟琳……就像那个我早就想有的姐姐,进入了我的生活……从那时起,一直到她去世,我们都非常亲近,而且有时比恋人更亲密。因为只是恋人的话,他们可能是陌生人,即便他们一辈子都生活在一起并相爱。

这是一段关于二人关系的描述。得益于一位老人的后见之明,它写在凯瑟琳去世约 20 年后,感人也具有信服力。他们确实结了婚,那是 1906 年初在位于圣彼得堡北部新杰列夫尼亚的圣母领报堂。俄罗斯不允许近亲结婚,因而他们的婚礼不得不秘密举行。(不正当关系是斯特拉文斯基一生不断出现的主题。)凯瑟琳就像一位姐姐,一辈子对丈夫保持着绝对忠诚,即便他婚外情不断,脾气也臭,在情感和经济上还对她不管不顾。在两个人的这段婚姻生活中,她坚信丈夫的非凡创作才能,从未动摇。虽然拈花惹草,但斯特拉文斯基也始终坚持,"从我第一次见到她的那一刻起,我就爱上了她,我也一如既往地爱着她"。她那张裱好的照片一直装饰着他的工作室,直到他生命最后那些日子。

刚结婚那些年,他们与斯特拉文斯基的母亲和最小的弟弟古里一起住在克留科夫运河边的公寓里,那也是两人头两个孩子出生的地方,也就是费奥多尔(Fyodor, 1907)和柳德米拉(Lyudmila, 1908)。费奥多尔又叫费季克(Fedik),也是后来的西奥多(Theodore),而柳德米拉也叫米卡(Mika)或米库什卡(Mikushka)。1909 年,他们搬进了另一套租赁的公寓,就在几百米开外的英国大道上。但是,他们的精神家园依旧在乌斯蒂鲁格,那是他们每个夏天都会前往的地方,斯特拉文斯基在那里找到了创作所需的平和心境(虽然被孩童和亲人环绕并不总是平和与安静)。一开始,他们住进了诺先科一家的房子,但是在

1908 年夏末搬进了由斯特拉文斯基自己参与设计的新夏屋，它被建在了距离另一栋为凯瑟琳的姐姐、姐夫格里戈里·别良金（Grigory Belyankin）及他们的孩子而建的新楼只有一步之遥的地方。正是在这种俄罗斯式的乡村生活中，斯特拉文斯基在 1911 年找到了灵感，开始写作一部震撼了整个艺术界的作品，凭借的是它所呈现的野蛮异教俄罗斯场景，而且它也预示了那些让他在 1914 年后再也无法回到他深爱的家中的灾难性世界事件。

1901 年秋天，斯特拉文斯基进入圣彼得堡大学求学。然而，法律学习并没有在他心中占据着多重要的位置。那年 11 月，他开始私下学习和声和对位课程，先是跟费奥多尔·阿基缅科（Fyodor Akimenko），然后是跟瓦西里·卡拉法蒂（Vasily Kalafaty）。这两个人都是圣彼得堡音乐学院理论、作曲兼配器教授尼古拉·里姆斯基-科萨科夫班上刚毕业的学生。资料显示，里姆斯基-科萨科夫最小的儿子弗拉迪米尔（Vladimir）也是一名法律系学生。斯特拉文斯基与他以及他的哥哥安德烈（Andrey）成了朋友，还在 1902 年夏天受邀与里姆斯基-科萨科夫一家一起去了海德堡游玩。（斯特拉文斯基自己的家人当时在海德堡附近过夏天，他病重的父亲跟老里姆斯基-科萨科夫是老相识，正在那里接受治疗。）斯特拉文斯基当时已经在写作"一些短小的钢琴小品，'行板'，'旋律'，等等"，他从中挑选了一些向这位伟大的俄罗斯作曲家展示。其中只有两首幸存了下来。

有一首是平平无奇的钢琴谐谑曲,即便我们假设 20 岁的斯特拉文斯基向里姆斯基展示过这部作品,它也不大可能给他留下什么印象。但是,另一首为普希金的诗篇《风暴》写作的里姆斯基风格配乐,引起了这位作曲家前辈的兴趣,里姆斯基自己也为它写过一个配乐版本。里姆斯基鼓励斯特拉文斯基继续上对位课,并且同意不时辅导他。他也对这位年轻人充满信心,给了几个配器项目让他完成,其中包括他刚写完的歌剧《隐城基捷日费芙罗尼亚姑娘的传奇》。这就是斯特拉文斯基需要的助力。他得到了一张入场券,走进了圣彼得堡那个重要而富有影响力的艺术圈子,从而在音乐经验和抱负方面取得了长足进步。

1908 年,圣彼得堡,扎格洛尼大道,伊戈尔和凯瑟琳·斯特拉文斯基与尼古拉·里姆斯基-科萨科夫、他的女儿娜杰日达(Nadezhda)和未婚夫马克西米利安·施泰因贝格(Maximilian Steinberg)合影。

与里姆斯基-科萨科夫和他音乐学院的学生一道，斯特拉文斯基和他大学里的朋友参加了由音乐出版商米特罗凡·别利亚耶夫（Mitrofan Belyayev）在 1880 年代为推广俄罗斯作曲家而创设的俄罗斯交响音乐会。他还参加了由受人推崇的俄罗斯音乐协会举办的音乐会，以及由李斯特门生、指挥家亚历山大·西洛蒂[1]组织的管弦乐音乐会系列，该系列曲目单上出现了一些西欧音乐新作。让保守的里姆斯基感到非常不满的是，斯特拉文斯基也定期参加现代音乐之夜，并在现代音乐之夜上演出。现代音乐之夜是一个多多少少有点缺乏秩序的室内音乐会系列，从海外引进了一些新音乐，也让斯特拉文斯基初尝了德彪西音乐的滋味。作为俄罗斯交响音乐会之类活动的替代品，现代音乐之夜吸引了一批年轻的资产阶级美学家，这些人创办了一本叫《艺术世界》的激进杂志，编辑是一个名叫谢尔盖·佳吉列夫的人。对于斯特拉文斯基来说，这一人生阶段最重要的是能够频繁地参加每周三晚在里姆斯基-科萨科夫位于扎格洛尼大道的公寓中举办的社交晚会。在这里，圣彼得堡形形色色的头面人物共聚一堂，演奏音乐，各抒己见，一直到凌晨时分。实际上，他第一次拜访是在里姆斯基 59 岁生日那天。那一次，斯特拉文斯基妙趣横生的钢琴即兴演奏必定给这些出类拔萃的上层人士留下了深刻印

---

[1] Alexander Siloti（1863—1945），俄罗斯音乐家，柴可夫斯基的学生，曾随李斯特学习钢琴。——译者注

象，其中包括作曲家格拉祖诺夫，以及具有影响力的评论家斯塔索夫（Stasov）和奥索夫斯基（Ossovsky）。涉世未深的年轻音乐家显然已经自信地认识到，在这个世界，要想不断前进，就要找对人，在他们中间走动。这是一种从未离开过他的直觉，它会在未来的日子里领着他从最时髦的巴黎沙龙走向白宫晚宴。斯特拉文斯基自己的音乐最早也正是在扎格洛尼大道的这些聚会上首演。第一部上演的作品是一首为合唱和钢琴而作的康塔塔（或已遗失），为庆祝里姆斯基-科萨科夫60诞辰而作。"不差"是里姆斯基给出的评价。斯特拉文斯基的《钢琴奏鸣曲》是一部在巴甫洛夫卡时已经开始创作但因康塔塔而中断的作品，由他的朋友尼古拉·里赫特（Nikolay Richter）在1905年首演，也及时得到了里姆斯基圈子的认可。随后，斯特拉文斯基开始创作他的第一部大型作品，即四乐章的《降E大调交响曲》，这部作品被他定为"作品1号"。

1905年夏天，在乌斯蒂鲁格，斯特拉文斯基以缩编谱的形式完成了这部交响曲主体部分的创作。但是，它绝对不是成品。事实上，它直到1908年才首次完整公演。1905年秋，斯特拉文斯基开始私底下每周跟里姆斯基-科萨科夫上作曲和管弦乐配器课，他们合作的第一个重大项目就是这部交响曲。显然，在这部作品的管弦乐配器和大幅度修改过程中，斯特拉文斯基得到了里姆斯基的大力指导。确实，我们可以在手稿上的许多铅笔注释中看到这位老师干预的物理痕迹。[1] 它是一部学徒期作品，明显可以看出斯特拉文斯基非常熟悉俄罗斯的交响曲作曲家，其中大量借用了格拉祖诺夫，以及鲍罗丁、塔涅耶夫、柴可夫斯基和里姆斯基自己的作品，还明显影射了他所熟悉的其他作曲家，如西贝柳斯和瓦格纳。它甚至吸收了一些民间曲调，就像他那值得敬重的先辈们即所谓的"强力集团"[2] 所做的那样。正如理查德·塔拉斯金（Richard Taruskin）所言，斯特拉文斯基的这部作品是向这些人"效忠的誓言"。[3]

虽然即将在短短几年后爆发的原创想象力当时尚未显露痕迹，但斯特拉文斯基在作曲方面的自信迅速增长。他完成了三首以普希金文字为基础的配乐，标题是《牧神与牧羊人》，相关创作始于《降 E 大调交响曲》同一时期，显露出他自青少年时期便怀抱的瓦格纳热情。他还以圣彼得堡同时代人谢尔盖·戈罗杰茨基[4]的文字为基础创作了两首配乐作品，它们是他模仿鸣响钟声的最早案例。此外，他还作有两首炫技性管弦乐谐谑曲。《谐谑幻想曲》是以先前受梅特林克启发开始的一项有关蜜蜂的创作计划为基础

---

[1] 与这部作品的素材、作曲、修订和接受相关的深入讨论，包括手稿的影印本，参见理查德·塔拉斯金，《斯特拉文斯基与俄罗斯传统》，pp. 171—233。
[2] 俄语 Могучая кучка，又称"俄罗斯五人组"，1860 年代前后活动于圣彼得堡的音乐创作小圈子，成员有巴拉基列夫、穆索尔斯基、里姆斯基-科萨科夫、鲍罗丁和居伊，目标是摆脱西欧音乐的影响，建立真正的俄罗斯民族乐派。——译者注
[3] 同上，p. 222。
[4] Sergey Gorodetsky（1884—1967），俄罗斯诗人。——译者注

的作品。但是，斯特拉文斯基后来试图将这部作品束之高阁，部分原因是他害怕被拿来与老师那首深受喜爱的蜜蜂主题作品[1]作比较。无论如何，《谐谑幻想曲》和《焰火》都展示出里姆斯基-科萨科夫对于斯特拉文斯基产生的重大影响，不仅仅是在绚丽多彩的配器上，也体现在它们以娴熟的手法采用里姆斯基歌剧中魔法般的全音、八音性及半音性和声方面。作为一件结婚礼物，《焰火》是为里姆斯基的女儿娜杰日达而作。毫无疑问的是，他希望这部作品能够讨老师欢心。但未能如愿。在收到手稿之前，里姆斯基-科萨科夫已于1908年6月8日（老儒略历）逝世。斯特拉文斯基彻底崩溃了。对他来说，这是他失去的第二个父亲。

1909年1月24日，西洛蒂指挥了《谐谑幻想曲》首演。观众席中，有佳吉列夫。他和斯特拉文斯基在同样的圈子里走动，此前肯定有过几次打照面的机会，但是他们不大可能交谈过。斯特拉文斯基回忆说"我当然知道他是谁"，"每个人都知道"。在另一个场合，佳吉列夫听过《焰火》，也给他留下了深刻的印象。他告诉经理人谢尔盖·格里戈里耶夫（Sergey Grigoriev），"它新颖且具有原创性，有着会令观众大吃一惊的调性品质"。佳吉列夫给斯特拉文斯基递去了名片，邀请斯特拉文斯基拜访他。这是一段合作

---

[1] 里姆斯基-科萨科夫有一支名曲《野蜂飞舞》。——译者注

的开端——富有创造性、热情且动荡不定，它会是一段持续不断的合作关系，直到佳吉列夫20年后去世，不仅改变了斯特拉文斯基的职业进程，也永远地改变了20世纪艺术的面貌。

2. 俄罗斯芭蕾

1910年6月,巴黎北站。伊戈尔·斯特拉文斯基在高度兴奋的状态下从乌斯蒂鲁格抵达巴黎。尽管此前从未踏足这座城市,但是他感觉自己已经十分了解它,这多亏了他在圣彼得堡国际化的成长环境。第二届俄罗斯音乐季正在推进。在巴黎,对于俄罗斯异域主义的这波热情没有减弱。彼时最时髦的社交用语就是新作《火鸟》(*The Firebird*)是一部年度必看之作。演出团的经理人是谢尔盖·佳吉列夫,他一直忙着为自己号称俄罗斯音乐天才的新门徒搅动风云。佳吉列夫在彩排时告诉舞蹈家们:"好好记住他,他将名扬天下!"不久,6月25日,在富丽堂皇的巴黎歌剧院,斯特拉文斯基坐在佳吉列夫那满是巴黎上层社会富豪名流的包厢里,等待着幕布升起。亚历山大·戈洛温(Alexander Golovin)和莱昂·巴克斯特金灿灿的场景设计,塔玛拉·卡尔萨温娜(Tamara Karsavina)和米哈伊尔·福金(Mikhail Fokine)

跳的由福金完成的迷人编舞,以及管弦乐团演奏的斯特拉文斯基笔下魔法般的音乐,让听众们欣喜若狂。最后,斯特拉文斯基与合作者们被多次叫上舞台谢幕。这一切,让斯特拉文斯基飘飘然起来。朋友们见到了在法国人面前欣喜若狂的他。他喊叫着说,"只有在这里,你才能见识到真正的品位和艺术!"正如佳吉列夫预言,斯特拉文斯基是每个人挂在嘴边的名字。28 岁的他,一生从此被改变。斯特拉文斯基有理由相信,法国如今才是他的天命所归之地。他迅速返回乌斯蒂鲁格,接上凯瑟琳和孩子们,好让他们也能前往巴黎见证他的成功。

确实,《火鸟》成就了斯特拉文斯基;尽管回过头来看,我们同样可以说,斯特拉文斯基造就了《火鸟》。虽然许多人最初参与了这部作品的创作,但通过将这部芭蕾舞作品改成一首管弦乐序曲,斯特拉文斯基很快宣示了自己作为唯一创作者的身份。在 1940 年代,作为一位美国新移民,他在公众面前的形象很大程度上取决于这一部作品。为了谋生,他在欧洲沦陷且版税流几近枯竭的那段时间频繁地指挥这部作品。有人会在好莱坞的街上拦下他,问他——几乎到了令他恼火的地步:"打扰一下,您是不是就是写作《火鸟》的那位作曲家?"他饶有兴致地回忆说,在一节美国火车餐车车厢里,一位男士称呼他"火伯格先生"(Mr Fireberg)。即便去世,他也和自己的第一部芭蕾舞剧音乐密不可分:1971 年 4 月,纽约弗兰克·E. 坎贝尔殡仪馆的"来宾点到簿"上有一位匿名的"火鸟爱好者"。但是，这件事情本来很可能变成另一种局面。斯特拉文斯基是《火鸟》项目的后来者。佳吉列夫是迫不得已才向这位"有前途的新人"伸出的橄榄枝，因为圣彼得堡那帮资深作曲家让他大失所望，还有的拒绝了他的邀约，其中当然有齐尔品和利亚多夫，可能还有格拉祖诺夫和索科洛夫。而且，脚本细节在那时候已经敲定，舞台设计也正在进行中。斯特拉文斯基只不过被安插了进去，尽他所能，按要求办事。

《火鸟》的起源不可避免地被佳吉列夫的雄心壮志和复杂个性层层包裹。1872年，佳吉列夫出生在一个小贵族家庭。与斯特拉文斯基一样，他也成长于一个国际化且被音乐环绕的环境。不出所料，在18岁的时候，他被送进圣彼得堡大学修读法律课程，为将来当公务员作准备。但是，与他那位年轻些的同胞一样，佳吉列夫志不在此。他是一位富有热情的作曲家，对瓦格纳入迷。1894年，他下定决心，向里姆斯基-科萨科夫展示了自己的一系列作品，但是里姆斯基没有在这些作品中看到任何优点。据传，佳吉列夫曾对里姆斯基吼："历史会证明，我们俩谁更伟大！"但是，被圣彼得堡音乐学院最重要的作曲家彻底拒绝是一次致命打击。已经将毕生希望都寄托在音乐上的他，如今未来一片暗淡无光。为了安慰自己，他开始收集艺术品，一开始是一些俄罗斯人创作的艺术品，目的是给他在利特尼大道的新公寓搜罗些令人印象深刻的装饰品。很快,他将自己重新打造成了一位艺术史学家、评论家和筹办人。他到欧洲大陆游历,搜集了一些由激进的欧美艺术家们完成的作品。通过富有洞见的自我剖析,他意识到这是自己的天命所在,就像他在 1895 年 10 月给继母的信中所说:

> 首先,我是个有些能耐的内行,嗅觉敏锐;其次,我是个很有魅力的人;第三,我胆子大;第四,我逻辑强,又没什么原则;第五,我认为我没什么才能;但是,如果你没意见的话,我想我已经找到了真正的使命——艺术赞助。万事俱备,只差钱了——但是总会有的。[1]

1953 年,在回忆佳吉列夫的时候,斯特拉文斯基总结了他擅长鼓舞人心的超凡才能,就是俄罗斯贵族身上那种:

> 只有了解俄罗斯历史上那种修养深厚的贵族本性(一种慷慨、坚强而反复无常的天性;有强烈意愿,丰富的反差感,以及深厚的传统之根,我们才能解释佳吉列夫创造的特点和原创性,它们是如此不同于普通的艺术事业……他生来就是为了领导,他知道如何让大家听命于他,完全是通过威望和

---

[1] 转引自谢恩·舍真(Sjeng Scheijen),《佳吉列夫生平》(*Diaghilev: A Life*, trans. Jane Hedley-Prôleand S. J. Leinbach, London, 2009), p. 74。

权威，而不诉诸暴力。他展示着一位开明专制君主，一位天生的领导人所具备的诸多特征，他知道如何驱动最顽强不屈的一群人，有时，他会进行劝说，其他时候是通过施展魅力……与他一起工作……意味着只能为伟大的艺术事业而努力。[1]

1897年1月，佳吉列夫的首场展览在圣彼得堡开幕。在证明了自己作为组织者的能力之后，他渴望承担更多职责。对于未来的俄罗斯艺术应该是什么样子，他有许多明确的看法，而且已经在发表文字抨击当时盛行的现实主义和实用主义艺术运动，即所谓的巡回展览画派。他计划推出一份定期发行的杂志，在里头展示一些画作复制品，写一些论争性文章。这本杂志也充当着推广超越艺术及民族边界的新民族主义俄罗斯艺术的窗口。尽管被证明是一个粗糙的标语，但"为艺术而艺术"成为了它的战斗口号。《艺术世界》的创刊号发行于1898年10月（印刷日期是1899年1月）。它的第一篇冗长社论直接抨击了那些指责这场尚处在萌芽期的运动堕落的人。这些新生代艺术家们致力于"强化并颂扬艺术中的个人主义"，专注于个人表达自由，致力于感官愉悦和美，同时也竭力创造一种真正的

---

[1] 伊戈尔·斯特拉文斯基，《我所认识的佳吉列夫》（The Diaghilev I Knew, *Atlantic Monthly*, CXCII/5, November 1953, pp. 33—36）。

俄罗斯民族艺术。[1]

虽然佳吉列夫是《艺术世界》的主要推动力量兼主编,但这一刊物一开始就是一项集体事业。它的核心组委会和编委会由一群自学生时代就以不同方式处在一起的人组成,他们是一群将时间花费在自诩为"涅夫斯基匹克威克人"的俱乐部里讨论艺术和哲学,观赏歌剧和芭蕾的富裕美学家。他们中间有艺术家兼作家亚历山大·伯努瓦(Alexander Benois),佳吉列夫的贵族表亲兼曾经的情人"季马"(Dima)迪米特里·菲洛索夫(Dmitry Filosofov),现代音乐之夜联合创始人、后来代笔斯特拉文斯基自传的瓦尔特·努韦尔(Walter Nouvel),以及艺术家莱昂·巴克斯特。这些人会给这本杂志投稿,也会为他们的展览创作作品。《艺术世界》很快有了名气,成了圣彼得堡一股最激进、最时尚的力量。然而,让人感到惊讶的是,"艺术世界"成员们在望向未来的时候,采取的是一种回溯性的立场。为了修复较早时代的(贵族)价值观念,他们回望了比19世纪更早的时候。例如,在伯努瓦和巴克斯特高度风格化的艺术中,圣彼得堡的新古典主义建筑往往是一种灵感来源。而在这本杂志中,刊印激进美学理论的字体源自18世纪一种法语字体。俄罗斯的民间艺术和传统都被囊括其中,仿佛它们也代表了一种"更纯粹的"古典过往。虽

---

[1] 参见谢恩·舍真,《佳吉列夫生平》, pp. 98—101。

《艺术世界》封面（1899，卷2），叶连娜·波列诺娃（Yelena Polenova）设计。

然对于理解斯特拉文斯基后来回望一些时间上早得多的原型，以及在审美层面有意识地构建一种泛欧洲现代主义音乐而言，这方方面面只能算是某种神秘预示，但至少让我们注意到"艺术世界"运动核心成员对这位年轻作曲家的成长所产生的深远影响。就他们所有的激进宣言来看，"艺术世界"和斯特拉文斯基等人本质上采取了一种保守的态度：艺术不是一面映射世界的镜子，艺术不是政治；不过是为艺术而艺术。

然而，即便是"艺术世界"成员也无法在发展的事态中置身事外。专制的沙皇亚历山大三世在1894年去世，燃起了自由主义者进一步代表人民的希望，但他的儿子兼继承者尼古拉二世没有作出实质性的让步。不满和暴力四处滋长。与日本之间发生的灾难性战争，粮食歉收，伴随着革命人士与日俱增的影响，这一切在工人和学生中间引发了严重的骚乱。农民打砸地主庄园，工人罢工，学生也发起反抗。在1905年1月9日（按老儒略历）周日那天，一群工人前往圣彼得堡冬宫和平请愿，向沙皇提交请愿书，却被冷血地开枪镇压。"血色星期天"大屠杀的相关消息迅速传开。圣彼得堡因一场大罢工而陷入瘫痪，连军人也起来反抗，其中最著名的是战舰"波将金"号上的兵变。尼古拉二世最终对于组成选举议会或"杜马"一事作出妥协，即便这实际上对限制沙皇权力所起到的作用微乎其微。大学获得了自治权，但这发生在里姆斯基-科萨科夫公然支持学生、要求国家停止对艺术的审查而被音乐学院免职之后。连斯特拉文斯基也在不经意卷入游行队伍时被拘捕扣留。对于发生在身边的暴力事件，他更多感受到的是不安，而非愤怒。佳吉列夫支持帝国剧院罢工的舞蹈家们。跟斯特拉文斯基一样，他站在变革这一边。但是，对于所有处在这些事件边缘的人来说，他们感受到的主要情绪是恐惧和未知。

鉴于圣彼得堡的动荡局面，佳吉列夫指望着去国外推广俄罗斯文化。不管怎样，早期艺术冒险之旅所取得的成功点燃了他的勃勃雄心。1900年巴黎世界博览会上——佳吉列夫也在现场，俄罗斯民间艺术受到了热烈欢迎。此刻，他抓住了机会，在巴黎这片富饶的土地上散播新民族主义俄罗斯艺术的种子。在 1906 年的巴黎秋季沙龙上,他与伯努瓦和巴克斯特一起举办了一场颇受欢迎的俄罗斯展览。但是,它的成功能被复制吗?佳吉列夫从来不是一个会被项目规模吓倒的人,他随后在 1907 年为巴黎歌剧院策划了一系列音乐会,联系了里姆斯基-科萨科夫来指挥他自己的音乐,还安排了夏里亚宾演唱鲍罗丁《伊戈尔王子》中的一段咏叹调。1908 年,一部完整的歌剧紧随其后,《鲍里斯·戈杜诺夫》亮相巴黎,由夏里亚宾饰演主角。包括伯努瓦和戈洛温在内的设计团队运用从俄罗斯各地收集而来的布料和物品,打造了奢华的舞台布景和服饰,这呼应了最早几期《艺术世界》中所展示出来对于民间艺术和工艺的兴趣。最终的制作尽管奢华,却远谈不上原真:"它是一个大型多民族、非历史大杂烩,融合了俄罗斯帝国所能提供的最吸人眼球的异域玩意儿。"[1] 即便如此,它还是获得了巨大成功。这场演出展示出来的,恰好就是法国观众所渴望看到的原始和异域的俄罗斯——实则一种在很大程度上由佳吉列夫负责培育的渴望。总之,要启动迄今为止佳吉列夫最富野心的项目,一切都已准备就绪。用斯特拉文斯基的话说,这项事业"能够给芭蕾注入新的生命力,改变其形式,协调各项不同构成要素,让它成为完全协调统一的整体,提升至最高艺术水平"。它的影响力将遍及全

---

[1] 参见谢恩·舍真,《佳吉列夫生平》,p. 167。

世界。

1909年5月19日,第一届壮观的俄罗斯音乐季在沙特莱剧院拉开帷幕,展示了一部部歌剧和芭蕾舞制作。在那个夏天,帝国剧院的成员们再次被全部运往巴黎,其中包括舞蹈家、歌唱家、乐手、舞台人员,旨在呈现三套不同曲目,至少八部作品。福金负责编舞,而舞台布景则由巴克斯特、伯努瓦、戈洛温、尼古拉·洛里奇(Nicholas Roerich,或作 Nikolay Rerikh)和其他人共同承担。在这些让整个巴黎着迷的演出中,无可争议的明星是舞蹈家们:福金本人、安娜·帕夫洛娃(Anna Pavlova,她的头像出现在巴黎各处海报上)、塔玛拉·卡尔萨温娜和瓦斯拉夫·尼金斯基(Vaslav Nijinsky)。其中,尼金斯基被佳吉列夫大肆宣传为"当代韦斯特里[1]"——18 世纪晚期巴黎的"舞蹈之神"。在这些作品中,有一部是非叙事性芭蕾《仙女们》(*Les Sylphides*),它采用的配乐是由肖邦的一些作品拼贴而成,最早于 1907 年在圣彼得堡以《肖邦组曲》(*Chopiniana*)之名首演。如今,配乐中又加入了由斯特拉文斯基重新完成配器的一首夜曲与华尔兹。这些是他给佳吉列夫的试镜作品。这位伟大的经理人显然对最终成品感到满意。不出数月,他往乌斯蒂鲁格发送了一份电报,询问斯特拉文斯基是否(原则上)愿意为一部准备在 1910 年

---

[1] Auguste Vestris(1760—1842),意大利裔法国舞蹈家。——译者注

巴黎俄罗斯音乐季上演的芭蕾写作配乐。斯特拉文斯基激动地开始构想作品,尽管他直到年底才收到正式邀约。

巴黎的芭蕾已经变得乏善可陈,程式化严重而且老套乏味。第一届俄罗斯音乐季呈现的色彩和节奏让巴黎人大开眼界,瞧见了一种与众不同、生机勃勃且雄浑有力的艺术形式。佳吉列夫想要利用这一点,创造出某种全新的东西。由于它综合了音乐、舞蹈、戏剧和设计,"艺术世界"成员——尤其是伯努瓦——对芭蕾倾心已久,这使得他们十分欣赏的瓦格纳式"整体艺术"观念有了实现的可能。1907年,伯努瓦、福金和尼金斯基第一次碰面,目的是为了在马林斯基剧院上演取材于戈蒂埃[1]小说、音乐由齐尔品完成的新作《阿尔米德凉亭》。这部作品后来在1909年的俄罗斯音乐季重新上演。如今,正如佳吉列夫在致利亚多夫的信中所言:

> 我需要一部**芭蕾**,一部**俄罗斯式芭蕾**——**第一部**俄罗斯芭蕾,因为目前还没有这样的东西。我们已经有俄罗斯歌剧、俄罗斯交响曲、俄罗斯歌曲、俄罗斯舞蹈、俄罗斯节奏——但是,没有俄罗斯芭蕾。

因此,《火鸟》项目进入筹备和创作阶段,它以不同来

---

[1] Théophile Gautier(1811—1873),法国作家。《阿尔米德凉亭》取材于他的奇幻小说《翁法勒》。——译者注

源的各种童话故事为基础,其中最主要的是那些由民族学家亚历山大·阿法纳西耶夫(Alexander Afanas'yev)在19世纪完成的重要合集。最后的脚本讲述的是一个与魔法王国、怪物、美丽公主和英雄王子相关的故事,充满俄罗斯异域色彩,足以再次轰动巴黎。它完美契合伯努瓦所谓"出口西方"的"俄罗斯神秘物质"。《火鸟》完全是原真的,但同时又是一种幻觉,是一项对民间过去的怀旧发明。

斯特拉文斯基的工作速度惊人,在六个月内完成了带完整配器的总谱。经常有人打趣说,《火鸟》是里姆斯基-科萨科夫有史以来最好的一部作品。无疑,在精湛的配器方面,它巍然与斯特拉文斯基已故老师的作品比肩而立。这部芭蕾的奢华布景和服装与他笔下大型管弦乐团的丰富和多样性相得益彰。纵观整部作品,不乏引人注目的效果。斯特拉文斯基自己最喜爱的是靠近开头的弦乐泛音(harmonics)滑奏。据他自己说,这一段甚至让理查·施特劳斯都大为震惊。这部作品生动的节奏语言源自俄罗斯先辈们的实践,也在一些地方预示了他后续作品中的节奏创新,如广为人知的"地狱之舞",以及"魔钟,科西切[1]的怪物士兵登场,伊凡王子被捕"一场中"魔钟"不断重复的不同节奏层次和异域风格和声。在作品的其他地方,有

---

1 俄罗斯民间传说中的反派恶魔。——译者注

一些简单的类民歌旋律,尤其是为伊凡所作的音乐,采用的是里姆斯基式的音乐风格。但是,它最成功的地方或许在于它的戏剧性。在每一阶段,斯特拉文斯基都与福金紧密合作,结果就是这部作品的情节、编舞、布景与音乐紧密关联。确实,正是这部芭蕾的综合特质令许多在首演现场的法国评论家印象深刻:"这是我们所能想象到的声音、动作和形式之间最精妙的平衡奇迹"。[1] 不断出现的音乐动机采用了一种近乎歌剧的方式(继瓦格纳之后)来展示不同角色和情景。就像里姆斯基的歌剧,和声也被用来刻画角色:科西切和火鸟的奇异世界与一些异域风格的和声密切相关——尤其是八音(减)音阶,它是斯特拉文斯基眼中的里姆斯基-科萨科夫音阶;而总体来看,诸如公主之类的人类角色则采用自然音阶。

总而言之,《火鸟》是斯特拉文斯基的出师之作。他完全掌握且大规模持续使用着先于这部作品的诸多俄罗斯音乐技巧。对于一位相对缺乏经验的作曲家而言,这本身就令人印象深刻。虽然这部作品终究缺乏真正伟大的原创性,但用斯特拉文斯基最早的一位苏联支持者的话来说,它凭借自身魅力宣示了"对经验和规则的积极自主权"(指的是

---

[1] 亨利·格埃翁(Henri Ghéon),发表于《新法兰西评论》(*Nouvelle revue française*, 1910),转引自斯蒂芬·沃尔什(Stephen Walsh),《伊戈尔·斯特拉文斯基:创作之春——俄罗斯与法国:1882—1934》(*Igor Stravinsky: A Creative Spring. Russia and France, 1882-1934*, London, 2000),p. 143。

里姆斯基学派的一些保守倾向）。[1] 然而，毋庸置疑的是，《火鸟》展示了斯特拉文斯基对于音乐在戏剧中所能扮演角色的直觉。对于一个成长过程中把马林斯基剧院当成第二个家的人来说，这或许并不令人感到惊讶。在将歌剧技巧转移至芭蕾的过程中，斯特拉文斯基为重塑 20 世纪舞蹈所作出的贡献不容小觑。

《火鸟》的成功迅速将斯特拉文斯基推进了巴黎最富裕且最有影响力的一些圈子。被迷得神魂颠倒的他选择留在法国，与家人一起在布列塔尼拉博勒（La Baule）的滨海酒店共度夏天，而不是返回俄罗斯。随后，到了 9 月，这家人搬往了瑞士洛桑，凯瑟琳在那里诞下了他们的第三个孩子斯维亚托斯拉夫（Svyatoslav），昵称斯韦季克（Svetik）——他在 1930 年代选择用苏利马（Soulima）这一古老的波兰姓氏作为艺名。斯特拉文斯基的主要目标是加紧创作下一部重大作品，即另一部为佳吉列夫芭蕾舞团下一个巴黎音乐季而创作的芭蕾。如今，该团体已经凭借自身实力被重新打造成了一家名叫俄罗斯芭蕾舞团且全年运作的公司。大概像斯特拉文斯基所说，这部作品的想法源自一次幻视（vision）。但是，一开始的想法很可能出自俄

---

[1] 鲍里斯·阿萨菲耶夫（Boris Asaf'yev），《斯特拉文斯基专论》（*A Book about Stravinsky*, trans. Richard F. French, Ann Arbor, MI, 1982), p. 19。这部书最初于 1929 年在列宁格勒用阿萨菲耶夫的笔名伊戈尔·格列波夫（Igor Glebov）以 *Kniga o Stravinskom* 为标题出版。

罗斯民俗学家洛里奇，他自 1904 年以来就是佳吉列夫圈中成员，斯特拉文斯基曾向他寻求帮助。这部作品原本叫作"伟大的献祭"（The Great Sacrifice）。但是，在瑞士，这一想法被暂时搁置，他转而开始为钢琴和管弦乐创作"某种音乐会作品"——如他在《自传》中所称，他将其想象成"一幅与突然被赋予生命的木偶有关的遥远画面，其中倾泻而出的恼人琶音在试探管弦乐队的耐心"。不久之后，佳吉列夫在瑞士拜访了斯特拉文斯基，他对于自己听到的东西感到震惊。佳吉列夫当即想让它变成一部芭蕾，并且说服斯特拉文斯基跟沉迷旧俄木偶戏剧已久的伯努瓦取得联系。他看起来是帮助推进斯特拉文斯基想法的最佳人选。但是，伯努瓦在几个月后才对斯特拉文斯基的几首序曲作出回应，因此他只能继续创作。这样说来，与《火鸟》不同，在一个详细的剧情梗概出现之前，《彼得鲁什卡》的大部分音乐已经写成，而且在脚本最终出现的时候，斯特拉文斯基在脚本和编舞方面都发挥了关键作用。这帮助斯特拉文斯基释放了在作曲方面的想象力。因此，《火鸟》代表的本质上是一种 19 世纪俄罗斯风格的顶峰，而《彼得鲁什卡》则标志着斯特拉文斯基开始作为一位独具个性的音乐现代主义者崭露头角。这是一次非凡的跳跃式前进。

这部作品的脚本重新想象了一种五彩斑斓的俄罗斯过往。剧情发生在 1830 年代圣彼得堡海军部广场的忏悔节市集。根据初版总谱上的文字，开场场景展示出一幅熙熙攘攘的画面：

> 一个阳光明媚的冬日……带露台的大货摊……一张桌子，上头摆放着一个大型俄式茶炊……魔术师的小剧院……糖果摊和制造视觉幻象的杂耍艺人……坐着上层人士的旋转木马，成群的酒鬼……孩子们……

为了找寻原始素材，伯努瓦转而深入19世纪。斯特拉文斯基使用的大量民歌和流行旋律，也表露出他对于原真性的关注。尽管这部作品中借用的素材绝不仅仅限于俄罗斯式（还包括一首受欢迎的法国小调，约瑟夫·兰纳[1]的一些圆舞曲等），但是它们当时一定在俄罗斯广为流传。可以说，它的音乐仿佛是直接从街头喷涌而出，哪怕早期的俄罗斯听众认为它不过是乏味的废料拼贴，但它具有一种吸引巴黎狂热爱好者的粗糙直观感（rough immediacy）——德彪西称这种音乐"淳朴且未经驯化"。

就像随后的一连串舞蹈，第一个场景闪闪发光的管弦乐色彩和显而易见的生活乐趣让人沉醉。该场景表现出一种怀旧式渴望，试图回到伯努瓦和斯特拉文斯基童年时代那个已经不复存在的世界。开头场景的音乐以一种接近电影的方式从人潮涌动的全景切换到个人或是团体特写（一

---

[1] Joseph Lanner（1801—1843），奥地利作曲家、指挥家。——译者注

1911年，伊戈尔·斯特拉文斯基和身着彼得鲁什卡服装的瓦斯拉夫·尼金斯基。

个叫卖者，一群舞蹈演员，一个手摇风琴手），然后再切回来。这些借用的音乐素材呈碎片化，它们被重新组织，拒绝朝着预期方向发展。斯特拉文斯基仿佛渴望回到一个他知道已经被粉碎的世界，这个世界实际上只是他想象的产物。从这个层面来讲，音乐的碎片化预示了他赖以生存的这个瞬息万变的世界。最终的疏离感体现在饱受苦难的彼得鲁什卡角色上，他半人半偶的两面无法被调和。通过叠置两个最遥远的三和弦，即 C 和 F# 大三和弦，不协和的"彼得鲁什卡和弦"捕捉到了这一点。彼得鲁什卡最终的死亡没有引起周遭世界的注意：他与那个世界格格不入。他无力影响，就像斯特拉文斯基下一部作品《春之祭》结尾"被选中的少女"一样。在尝试尽可能真实地再造一个已经消逝的俄罗斯时，《彼得鲁什卡》不经意间预示了一个即将彻底压垮俄罗斯和整个欧洲的悲剧。

1911 年 6 月 13 日，《彼得鲁什卡》由俄罗斯芭蕾舞团首演于沙特莱剧院，伯努瓦负责舞台布景设计，编舞由福金完成，皮埃尔·蒙特（Pierre Monteux）指挥，卡尔萨温娜跳芭蕾舞女演员角色，尼金斯基饰演彼得鲁什卡。这部作品受到了热烈欢迎。它的成功给了斯特拉文斯基进一步推进新音乐思考的信心。在音乐季结束之际，他回到了乌斯蒂鲁格，开始继续创作"伟大的献祭"。

3. 丑闻画像

1913 年 5 月 29 日，星期四。蒙田大街，香榭丽舍剧院。巴黎名流雅士齐聚于此。由专职司机驾驶的全新汽车与马车争抢着位置。贵族、外交官和半上流社会的交际花挤满了剧院外的人行道。象征着财富与特权的装饰各逞风骚：长羽饰、大量鸵鸟毛和珍珠，薄纱礼服、高顶礼帽和燕尾服。纵情享乐的法国社会已经爱上了俄罗斯芭蕾舞团，在芭蕾舞团的异域风格作品中，它找到了与自己不相上下的迷人魅力。当晚节目包括此前音乐季中由福金编舞的三部最受欢迎的作品：《仙女们》、《玫瑰花魂》和《伊戈尔王子》。空气中洋溢着兴奋，巴黎人期待着佳吉列夫为他们量身定做的最新剧目的首演。兴奋中夹杂着一丝忐忑。就在三周前，他们中有些人已经在同一家剧院观赏过尼金斯基本季的另一部新作《游戏》。德彪西的细腻音乐和尼金斯基令人尴尬的编舞让他们感到困惑，对它一笑置之。如今，关于尼金斯基这部由斯特拉

1913年，在尼古拉·洛里奇设计的背景布前，
《春之祭》原版制作中一群摆好姿势的舞蹈演员。

文斯基配乐、名为《春之祭》的新芭蕾的传闻流传开来。巴黎人得知，俄罗斯芭蕾舞团那深受他们喜爱的奢华舞台布景和迷人服饰将被不成形的服装和奇怪头饰取代。他们听说新作品的编舞动作不自然且暴力，而配乐据说根本就是原始的敲打声。

观众们陆续落座，斯特拉文斯基也在其中。他与妻子凯瑟琳坐在剧院正厅前排靠近舞台的地方。灯光渐暗，大家安静下来。指挥皮埃尔·蒙特站到乐队前方，挥起指挥棒。乐池中传出了令人意想不到的尖锐声音：一段巴松管独奏，出现在高得令人难以置信的音域。这当然不是《仙女们》的浪漫梦境。从一开始，音乐就显得很奇怪。随后，其他木管乐器一件一件加入进来，扭曲的半音旋律线条和错位的旋律碎片层层堆叠。那是"自然自我更迭"的声音,斯特拉文斯基在当天发表的一篇文章中尝试作出类似解释。但是,对于观众中的庸俗之辈来说,这已经过头了。他们想要的是绚烂夺目的美,得到的却是这种丑陋之物——就像他们身处其中的这幢毫无装饰且让他们讨厌不已的新建筑。有人开始交头接耳。其他人大声嘘他们,让他们安静。一个年轻人试图发出动物的噪声来匹配乐器的声音,一些人开始窃笑。而这时甚至连幕布都还未升起。

幕布升起,映入眼帘的是舞台上一座神秘山丘和一些排成圆圈的人。管弦乐队响起强有力的不协和和弦,一遍又一遍地重复着,伴随着无法预测的错位重音。舞蹈演员像被操控的木偶一样猛地动了起来,随着和弦重复的律动同步蹦跳着,又突然笨拙地舞起双臂。他们摇晃着,哆嗦着,颤抖着。一个拿着几根棍子的老妇人,深弯着腰,在他们中间走动。观众们本就乐于嘲笑一切非常规事物。顶层楼座的一位男士大声呼叫医生,引发阵阵笑声。一群少女从舞台后方登场,她们双脚内八,头歪着,靠在手上。一个女人喊道:"来位牙医!"另一个则喊:"来两位!"更刺耳的笑声接踵而至。面露愠色的普塔莱斯伯爵夫人[1]挥着扇子大声说:"60年了,第一次有人敢愚弄我。"她与几位同伴一起,吵闹着起身离开。对于这部作品的支持者们

---

[1] Comtesse de Pourtalès(1836—1914),法国第二帝国与第三共和国时期巴黎社交名媛。——译者注

来说，这一切太过分了。他们对上流社会这些自命不凡的人表现出来的无知感到厌恶。作曲家兼评论家弗洛朗·施米特（Florent Schmitt）朝她们啐唾沫："闭嘴，你们这些16区[1]的婊子！"于是，嘲笑声、欢呼声、大笑声、口哨声和嘘声开始升级，一方试图盖过另一方。有人挥起了手杖。一位优雅的女士扇了发出嘘声的年轻人一巴掌。有人挥起了拳头。斯特拉文斯基受够了。他气得跳了起来，冲出观众席，走向后台。

观众席的吵闹盖过了乐队的声响，舞蹈演员们听不到乐声了。佳吉列夫预料到会有麻烦，在演出开始前就嘱咐过演员："无论发生什么都别停，继续跳。"因此，他们坚持着。在侧幕，尼金斯基站在一把椅子上，愤怒地喊着数字来协调舞蹈演员的节奏。他用俄语尖叫着："十六，十七，十八！"他准备跳上舞台以示抗议，但此时来到他身边的斯特拉文斯基知道，这只会让事情变得更糟。他抓住了尼金斯基的上衣后摆，想要阻止他。与此同时，佳吉列夫要求反复开关剧院里的灯。他希望这样能够安抚公众，但实际上，这只不过进一步煽动起抗议者的情绪。灯光亮起的时候，被叫来的警察冲进剧院，拖出了带头的肇事者。这暂时稳住了事态，但等到灯光再次暗下来，吵闹声变本加厉。演出不为所动地一直坚持到了最后。随着献祭者无

1　16区是巴黎的富人区。——译者注

力的身躯被身披熊皮的萨满法师高高举起,嘈杂的欢呼声和掌声淹没了残留的嘘声。斯特拉文斯基和尼金斯基被多次请上舞台谢幕,他们鞠躬致意,接受全场观众起立欢呼。

接下来那些天,舆论就像首演那晚的观众一样,意见不一。这部最初被叫作"春之杀戮"(Le Massacre du printemps)的作品一开始受到了许多人的谴责:"一场奇怪的表演,一种费尽心思而不成熟的野蛮主义";"出于一种让事物变得原始、史前的渴望,他[斯特拉文斯基]刻意让自己的音乐近似噪音"。对某些人来说,是不对称的节奏和不协和的音乐让他们感到冒犯;其他人则受不了尼金斯基编舞中那丑陋的"癫痫般的抽搐"。然而,对于另一些人来说,它仍然标志着"斯特拉文斯基创作活动新阶段的开始……他是所处时代的代言人,也可能是时代先知";斯特拉文斯基被誉为"天才","自瓦格纳以来,我们一直在等待的弥赛亚"。那时,一切还没有定论。但是,值得注意的是,与《春之祭》和那场著名骚乱相关的报道,使它在争议中收获了巨大关注。斯特拉文斯基和他的《春之祭》不仅成为街谈巷议的话题,也成了整个音乐界的谈资。

常被提及的首演夜骚乱已成了一段传奇。但是,这故事的可信程度究竟有多高?毫无疑问,曾经发生过某种骚乱,即便对于规模大小众说纷纭。可以确定的是,随着时间的推移,对于这场骚乱的描述变得愈发夸张。实际上,5月29日晚,绝大多数媒体并未到场。但是,按照惯例,它们被邀请参加了前一天的公开带妆彩排。当天到场的还有巴黎艺术圈一些最重要的人物，包括德彪西和拉威尔。那场演出受到了热烈欢迎，没有任何嘘声或是拳脚相向的迹象。对于这样一批观众而言，《春之祭》的新奇是它具有强大吸引力的原因。那么，第二天晚上出了什么问题？按照科克托的尖锐分析，自1912年以来，富裕的"上层社会"开始错把艺术中的"假大胆"（false audacity）当作"真创新"（true audacity）；当**真正的**新事物以野生、原始和"野兽派式"的形式骤然出现在舞台上时，贵族们（比如头戴冠状头饰的年迈女爵）就露出了他们的本来面目。用科克托那句值得铭记的话来说，"巴黎市中心比任何外省更外省"[1]。而当（据说）佳吉列夫把免费门票送给了年轻的激进分子、美学家和音乐家，一场骚乱的必要条件已经被满足，因为他们所有人都热衷于新事物，也反对特权阶级的自我优越感。佳吉列夫点燃"导火纸"，然后自己跑开，看着"焰火"不可避免地炸响。斯特拉文斯基说，演出结束后，佳吉列夫的唯一评论是："这正是我想要的"。有什么更好的方式能让这部新作品受到广泛关注，并且重振人们对于俄罗斯芭蕾舞团下滑的兴趣？不管斯特拉文斯基后来怎么说，1913年5月29日的骚乱与他的音乐都没有什么关系。在整场演出的大部分时间，观众席人声嘈杂，很可能

---

[1] 让·科克托（Jean Cocteau），《公鸡与斑衣丑》（Cock and Harlequin, in *A Call to Order*, trans. Rollo H. Myers, New York, 1974），pp. 42—43。

没人听得见他的音乐。

观众席上的暴力再也没有在后续演出中重演。作品在法国首演六周后，伦敦德鲁里街皇家剧院的观众平静地接受了《春之祭》。《泰晤士报》评论说："在相对短暂地熟悉了这部作品后，伦敦的观众以一种新的态度平静地接受了这部芭蕾。"无论如何，看起来，这部新作品一开始带来的冲击，更多是与舞蹈而非音乐有关。佳吉列夫是那个对埃米尔·雅克-达尔库罗兹[1]发明的体态律动法产生热情的人，也是他铁了心认为缺乏经验的尼金斯基应该在这部芭蕾中使用这些技巧。最终的结果与古典芭蕾传统相距甚远，要多远有多远。取代传统编舞的是：一组组按节奏移动的人群，使用仪式化姿势的舞蹈演员，写实主义式的颤抖和身体抽搐，反自然的扭曲四肢。唯一真正的独舞是"被选中的少女"的最后献祭，跳舞的是玛丽·皮尔茨（Marie Piltz）。但是，即使在此处，这些直接模仿音乐的重复动作也是既不抒情，也不具有表现力：献祭者逐渐被动物般的痉挛和不规则的抽搐控制。科克托再一次找到了原因：

> 问题出在音乐和动作之间的相似性，在于它们缺少"互动"，缺乏对位。我们有证据表明，重复的相同和弦往往不那么容易使耳朵疲劳，不像频繁重复的相同肢体动作之于眼睛。

---

[1] Émile Jaques-Dalcroze（1865—1950），瑞士作曲家，音乐教育家。——译者注

某种单调的动作,就像机械人,比唐突的身体姿势更容易引发笑声;而唐突的身体动作又比复调更容易引人发笑。[1]

尽管如此,在首演当天发布的一段采访中,斯特拉文斯基表示自己"很高兴找到了尼金斯基这位具有创新意识的理想合作者"。但是,新闻界不这么看:"这样一位音乐家怎么能允许自己屈服于这类不良影响,将这位舞蹈家的审美观念融入他的艺术?"斯特拉文斯基被这样的评论刺痛了,态度来了个一百八十度大转弯,还指控尼金斯基不懂音乐,声称编舞与音乐一点儿关系都没有。在一年不到的时间里,这部作品被重新改编成了音乐会作品。听众们在肃穆安静的环境中听完了音乐会版本在巴黎的首演,称它是一次彻彻底底的胜利。

随后几年,斯特拉文斯基费尽心思淡化合作者们在这部作品创作过程中所起到的作用,声称它完全出自他个人之手,并取得了一些成效。他说,《春之祭》"从始至终都是作为一部音乐作品而存在","根本没什么故事,而且也没有必要找个故事出来"。最不寻常的是,他在生命晚年宣称:"我是《春之祭》经过的一件容器。"仿佛它没有历史,仿佛穆索尔斯基、里姆斯基-科萨科夫或亚历山大·谢罗夫[2]这些为《春之祭》奠定基础的人从未存在过。这些说

---

[1] 让·科克托,《公鸡与斑衣丑》,p. 45。
[2] Alexander Serov(1820—1871),俄罗斯作曲家、乐评家。——译者注

法根本不成立。如斯特拉文斯基为佳吉列夫创作的前两部芭蕾一样,《春之祭》是一个实打实的合作项目。就像《火鸟》和《彼得鲁什卡》,它起源于与"艺术世界"前成员之间的往来。他们的主流审美一直是通过深入本土民间文化来复兴艺术。虽然《艺术世界》杂志本身自1904年就不复存在,但从很多方面来看,《春之祭》在原真却现代化地展示俄罗斯民间生活方面,似乎站在了"艺术世界"思想的顶端。

关于《春之祭》的初始想法,斯特拉文斯基在《自传》中给出了一些不可考证的描述。1910年春天,在完成《火鸟》的过程中,他声称自己有过一次幻视,看到"一场肃穆的异教仪式:围坐成圈的智慧长者,看着一位年轻的女孩跳舞到死。他们在献祭她,以安抚春天之神"。为了充实这部当时仍被叫作"伟大的献祭"的作品脚本梗概,斯特拉文斯基曾向朋友洛里奇寻求帮助。洛里奇讲述的则是另一个故事,声称一开始提出这个想法的人是他,而非斯特拉文斯基。事实当然如此。他一直在从事类似题材的工作,比斯特拉文斯基早得多。洛里奇是斯拉夫民间艺术与仪式方面的权威专家,也是一位着迷于异教、史前历史、父权制俄罗斯的考古学家、人类学家和艺术家。他在1909年就已经为第一届俄罗斯音乐季设计过鲍罗丁《伊戈尔王子》的一版舞蹈,而且他的艺术作品拥有一种吸引斯特拉文斯基的原始直观感。他们一起在塔拉什基诺打磨过作品相关细节，那是俄罗斯斯摩棱斯克地区一个由"艺术世界"早期赞助人玛丽亚·捷尼舍娃[1]亲王夫人建立的艺术家聚集地。这部作品的部分音乐在乌斯蒂鲁格完成，但大部分作于日内瓦湖边的克拉朗斯（Clarens）。鉴于家人糟糕的健康状况，克拉朗斯当时是斯特拉文斯基的主要居住地。

洛里奇和斯特拉文斯基创作的情节几乎每一个细节都忠实于异教俄罗斯的仲夏节，除了最后的献祭——这是他们自己的发明，在民间习俗中找不到相关证据。这部作品先后有过多个版本。斯特拉文斯基出版于首演前不久的文字大致描述了这部作品两个部分的内容。第一部分被他命名为"大地之吻"（The Kiss of the Earth），也就是后来的"大地崇拜"（Adoration of the Earth）。该部分始于以模仿杜读管（一种簧管）呈现"春之喜悦"的管弦乐引子，随后是古老的斯拉夫游戏、霍洛沃德轮舞、智慧长者巡行，以及癫狂的舞蹈（"大地之舞"）。第二部分被他命名为"伟大的献祭"（The Great Offering），即后来的"献祭"（The Sacrifice）。它描绘了被选中的少女为献祭所作的准备，以及她最后在智慧长者见证下的"献祭之舞"和死亡。斯特拉文斯基明确表示，整部作品就是要大力依赖"宝石切割般精准的节奏"，让听众感受到人与大自然之间的紧密关系，他们的生命与大自然之间的共通性。这一切都非常接

---

[1] Maria Tenisheva（1858—1928），俄罗斯艺术家、收藏家，艺术赞助人。——译者注

近洛里奇所查阅资料中对农人习俗的描述,其中多与斯拉夫太阳神亚利洛(Yarilo)有关:

> 在每年4月27日开种时,白俄罗斯人会举行一场庆祝活动致敬[亚利洛]。这一节日的仪式如下:晚上(黄昏时),一群跳着霍洛沃德舞的少女聚集到房中。在那里,她们选出一位少女充当亚利洛,按照想象中亚利洛的样子打扮她,并且让她坐在一匹拴着的白马上。其他女孩旋转着围绕亚利洛站成一排,跳起霍洛沃德舞……值得注意的是,在白俄罗斯霍洛沃德舞庆祝活动中,往往是女孩而不是男人(男孩)扮演这一主要且唯一的角色。[1]

这种细节的原真性不仅体现在情节上,也延伸到了洛里奇的服装设计上,它直接模仿了保存在塔拉什基诺的农民服饰样本。

在音乐创作中,斯特拉文斯基广泛借鉴了相关民歌素材。他的主要(但绝不是唯一)素材是《立陶宛民歌集》(*Melodje ludowe litewskie*),由一位名叫安东·尤什凯维奇(Anton Juszkiewicz)的波兰教士在19世纪搜集而成。斯特

---

[1] 德列夫里扬斯基(P. Drevliansky),《白俄罗斯的民间传统》(*Belorusskie narodnie predaniya* [Belarusian Folk Traditions],1846, quoted and trans. in Paul Griffiths and Edmund Griffiths, The Shaman, the Sage and the Sacrificial Victim-and Nicholas Roerich's Part in it All, in *Avatar of Modernity: 'The Rite of Spring' Reconsidered*, ed. Hermann Danuser and Heidy Zimmermann, London, 2013, p. 50)。

拉文斯基后来给人留下了这样一种印象，即《春之祭》里仅有的真正民歌旋律是开头部分的高音巴松管独奏，它是根据一段再现了杜读管音响的立陶宛旋律改编而来。斯特拉文斯基的草稿则揭示了另一个截然不同的故事。《春之祭》实际上呈现的是一张被编进音乐实体的民间乐思网。例如，在"春之轮舞"（Spring Rounds）的开头，由单簧管演奏的旋律混合了另外两首立陶宛歌曲，伴有一些杜读管风格的装饰音。更为广泛地看，正如塔拉斯金所揭示，我们听到的大多数旋律都处于一个纯四度范围之内，这是乌斯蒂鲁格周边地区春日歌曲的特征。它们被恰如其分地融进了整部音乐作品。[1] 换句话说，斯特拉文斯基的音乐素材和样本与洛里奇的脚本和服装设计素材同源。他所说的那些谎言，即这部作品的音乐中没有民间素材，都是他后来竭力将自己重塑成一位西欧作曲家的一部分。

然而，《春之祭》最吸引人的地方在于，斯特拉文斯基成功地超越了这种"具有民族特色的"素材，创作了一种在现代性方面令人震惊的音乐。即使在今天看来，亦是如此。在这部作品中，一些很可能源自民间音乐的旋律片段变得面目全非，互相堆叠，十分复杂。音乐的高潮都是通过元素堆积而非进行或发展而来。"春之占卜"（Augurs of Spring）中著名的不协和"春之祭和弦"被不断重复，目的是为了产生

---

[1] 关于《春之祭》音乐素材的讨论，参见 Richard Taruskin，《斯特拉文斯基与俄罗斯传统》，pp. 891—923。

一种强有力且无休止的仪式感。(在威尼斯第一次钢琴通奏的时候,佳吉列夫问斯特拉文斯基:"它会这样持续很长时间吗?"斯特拉文斯基回应说:"到最后,亲爱的!") 在新颖的管弦乐队、大胆的马赛克般的曲式结构、静态的和声和固定音型方面,《春之祭》仍然是一部具有惊人原创性的作品。不过,最重要的是它发明的全新节奏语言,暗示了一种对于时间和节奏的态度。自中世纪以来,这种语言在西方音乐中从未出现过。这些片段始终不变的规整节奏,如"先祖仪式"(Ritual Action of the Ancestors),具有一种神秘的催眠效果。"对被选少女的颂赞"(Glorification of the Chosen One)和"献祭之舞"(Sacrificial Dance)中持续不断的节奏,加以不断变化的节拍(几乎每个小节都有不同的拍号),产生的音乐具有令人不安的原始力量。斯特拉文斯基用俄文在

1930年,尼古拉·洛里奇为《春之祭》美国首演设计的背景布

2008年,伦敦,乌珀塔尔舞蹈剧场(Tanztheater Wuppertal)在沙德勒之井剧院(Sadler's Wells)演出皮娜·鲍什(Pina Bausch)编舞的《春之祭》。

草稿纸上写着:"有节奏的地方就有音乐,就像有生命的地方就有脉搏"。《春之祭》的生命力在于它的节奏。

作为一部音乐作品,《春之祭》从第一次被听到的那一刻起,就对作曲家们产生了不可磨灭的影响。它的声名很快就传了开来,而且自它的总谱在1921年出版那一刻起,它就成功走进了欧美剧院和音乐厅。它对于各类音乐的影响显而易见,可见于埃德加·瓦雷兹、约翰·亚当斯、卡尔·奥尔夫、约翰·威廉姆斯、谢尔盖·普罗科菲耶夫、哈里森·伯特威斯尔等人的作品。即使在今天,《春之祭》的音乐也依旧是许多年轻作曲家的灵感来源。1940年,作为配乐,它的音乐出现在迪士尼动画电影《幻想曲》

（Fantasia）中，因而在全球范围内找到了一批全新的听众。经过剪辑和重新排序，迪士尼重新将它构想成"一个盛大场景，讲述了生命在地球上成长的故事"。迪士尼将吸引人的"原始"画面搭配《春之祭》的音乐经常遭人诟病，却十分有效地重新想象了这部音乐作品的一些基本要素。尽管电影强加了作品最初构想中没有的线性叙事，移除了所有人类或是仪式相关角色，但它自有一股独特的张力。电影最后的"大地之舞"（Dance of the Earth）场景仍然是一种令人信服的演绎。或许斯特拉文斯基甚至暗自认同迪士尼对作品的物化处理，正如担任电影旁白的蒂姆斯·泰勒（Deems Taylor）所言，它以"一种近乎冷漠的方式精准再现了科学对于地球头几十亿年的认识"。这种对于冰冷准确性的渴望，看上去当然与斯特拉文斯基对于客观"执行"而非主观"诠释"的偏好一拍即合。此前一年（1939），他在哈佛大学以《音乐诗学》（Poetics of Music）为题的一系列公开讲座中提到过这一点。我们不禁想问，迪士尼的色彩景观与洛里奇设计的半抽象景观之间惊人但巧合的相似，是否让斯特拉文斯基产生了共鸣。洛里奇为《春之祭》1930年在美国舞台首演所设计的幕布，很容易被误认为是出自《幻想曲》的定格画面。[1]

---

[1] 乔纳森·克罗斯（Jonathan Cross）做过更为详尽的比较：《重写〈春之祭〉：用创作回应〈春之祭〉》（Rewriting the *Rite*: Creative Responses to *Le Sacre du printemps*, in *Avatar of Modernity*, ed. Danuser and Zimmermann），pp. 199—201。

作为芭蕾舞音乐，《春之祭》激发了 20 世纪一些最具创意的编舞。尼金斯基完成的首演版本很快沦为了民间回忆，直到 1980 年代才得以重新上演——米莉森特·霍德森（Millicent Hodson）和肯尼思·阿谢尔（Kenneth Archer）为乔佛里芭蕾舞团（Joffrey Ballet）重现了这一版本。由于尼金斯基早已不受青睐，佳吉列夫向莱奥尼德·马西涅（Léonide Massine）委约了一版新的编舞，以便俄罗斯芭蕾舞团在 1920 年音乐季重新上演这部作品。随后，莫里斯·贝热（Maurice Béjart）、玛莎·格雷厄姆（Martha Graham）和安热兰·普雷祖卡伊（Angelin Preljocaj）等人创作了一些颇具影响力的舞蹈版本，其中最为出色的当属皮娜·鲍什 1975 年在乌珀塔尔舞蹈剧场首次呈现的女性受害者，给观众留下了难以磨灭的印象。

《春之祭》的结尾几乎让人无法承受。"献祭之舞"中机械般的节奏预示了第一次世界大战战场上的噪音和恐惧。哲学家西奥多·阿多诺（Theodor Adorno）是一位德国犹太移民，在 1940 年代写过有关斯特拉文斯基的文字。对他而言，《春之祭》最后的献祭十分敏锐地预示了世纪中极权主义政权给数以百万计无辜人士带来的恐惧。它的音乐让人无所适从，将观众团团围住，强迫观众顺从，因而他或她别无选择，只能接受暴力。这一切仿佛将观众变成了仪式的参与者，成为谋杀"被选中的少女"的同谋。到了最后，集体意志支配着一切，彻底消灭了任何意义层面上的主观意识、道德或个人责任。这是一种危险的音乐，它发掘了那些最深刻、最原始的本能。值得注意的是，《春之祭》如今对于观众的影响力丝毫不逊于1913年巴黎首演之时。自那场引起骚乱的首演以来，一百年了，这部深受20世纪可怕历史影响的作品仍然令人震惊、兴奋、为之着迷。

4. 第一次流亡：瑞士、战争与革命

1913年7月，《春之祭》巴黎首演后还不到两个月，从伤寒中慢慢恢复的斯特拉文斯基又去了一趟乌斯蒂鲁格。在那里，他花了一整个夏天创作歌剧《夜莺》。当初接到佳吉列夫让他创作《火鸟》的电话时，工作就被搁置了下来。一年后，他再次短暂前往乌斯蒂鲁格，还有基辅，主要是为《婚礼》搜集已经出版的俄罗斯民歌素材。那是他最后一次前往心爱的家庭夏屋。1914年7月28日，奥匈帝国军队入侵塞尔维亚，标志着第一次世界大战爆发。不到一个礼拜，奥匈帝国东北边界开辟了一条与俄罗斯帝国之间的新战线。随着另外两个欧洲大国——英国和德国——加入战争，英国外交大臣爱德华·格雷（Edward Grey）认为："整个欧洲的灯火正在熄灭；在我们有生之年，再也看不到它们被点亮。"那个时候，人们仿佛有理由相信，世界末日即将来临。在整个欧洲，尤其是东部，旅行已变得几无可能。因为健康原因被

免除兵役的斯特拉文斯基，在随后近半个世纪里再也未能踏足俄罗斯的土地。直到大战结束，甚至其后许久，他一直与家人在中立国瑞士流亡：一开始在克拉朗斯（蒙特勒市），随后在沃州阿尔卑斯山里的莱森，而后在瓦莱州萨尔旺的贝莱尔酒店，后来又回到克拉朗斯向指挥家欧内斯特·安塞梅（Ernest Ansermet）租借的长春花别墅（Villa La Pervenche），而冬季那几个月就待在阿尔卑斯山区代堡（Chateau d'Oex）的一家酒店。这种居无定所的日子，终于在 1915 年春天到了尽头。斯特拉文斯基夫妇租下了莫尔日日内瓦湖上的霍吉乌别墅（Villa Rogivue），在那里待了两年。随后，他们搬到了同一条路上圣路易广场的波尔南公寓，公寓在二楼，很宽敞，必然会让他们想起克留科夫运河上的第一个家。佳吉列夫住得很近，骑自行车就能到，他为俄罗斯芭蕾舞团在洛桑南部的乌希（Ouchy）建立了一个基地。那里住着形形色色的舞蹈家和艺术家（主要是俄罗斯人）。巴克斯特、拉里奥诺夫[1]、冈察洛娃[2]、马西涅、尼金斯基和其他清一色俄罗斯流亡人士都在那里落脚，逗留时间长短不一。安塞梅的住处如今稍远，在日内瓦，沿着湖也能到。正是通过安塞梅，斯特拉文斯基结识了数位自那时起就在他的创作生涯中扮演着重要角色的瑞士新朋

---

[1] Mikhail Laryonov（1881—1964），俄罗斯前卫画家，舞台设计师。——译者注
[2] Natalia Goncharova（1881—1962），俄罗斯前卫艺术家、画家、布景师。——译者注

友，其中最重要的是作家夏尔-费尔迪南·拉缪（Charles-Ferdinand Ramuz）。

在《春之祭》之后，斯特拉文斯基考虑的全新项目之一是与让·科克托之间的一次合作。1910年，他们在蒙特卡洛剧院侧幕初次碰面，俄罗斯芭蕾舞团当天在那里演出了《玫瑰花魂》。科克托回忆说："正是在这月色般的昏暗石灰光灯下，我见到了斯特拉文斯基。"1911年，科克托出席了《彼得鲁什卡》的一场不对外彩排和《春之祭》的首演。那场臭名昭著的演出结束后，他与斯特拉文斯基、佳吉列夫、巴克斯特和尼金斯基聚在一起。深夜，他们一行人搭乘出租车离开，前往布洛涅森林，反思当晚发生的一切。科克托将这次会面视作与斯特拉文斯基友谊的开端。他们一起萌生了创作一部芭蕾的想法，以圣经里大卫王生活中的仪式为基础，背景则设在当代露天游乐场之类的地方（可说是《春之祭》遇上了《彼得鲁什卡》）。1914年春天，科克托去了莱森，与斯特拉文斯基一起完善这个想法。当时，斯特拉文斯基正在拼命完成《夜莺》，好赶上俄罗斯芭蕾舞团5月在巴黎歌剧院的首演。最后，他们的合作不了了之。科克托坦言，这个创作芭蕾的想法有好也有不好的地方，他也庆幸"周遭的一切保护了我们，让我们免犯半个愚蠢的错误，它比犯一整个错误更糟糕"。想法还不够成熟。但是，它仍然产出了一些结果。在某些方面，它可以被看成是科克托马戏团情节的草稿，这一构思在

1917年以《游行》的形式出现，令人震撼。这部作品由俄罗斯芭蕾舞团在沙特莱剧院上演，音乐由萨蒂创作，指挥是安塞梅，舞台设计由毕加索完成，编舞则交给了马西涅，令斯特拉文斯基印象深刻。有证据表明，斯特拉文斯基为弦乐四重奏而作的《三首小曲》同样能在大卫王项目中找到源头，其中第一首正是在科克托到访后的几周内完成，而第二首则受到他于1914年夏天在伦敦舞台上偶遇著名小丑"小提契"[1]的启发。

斯特拉文斯基后来宣称，这些小曲标志着他艺术上的重要转变。他说，它们预示了为钢琴二重奏而作的《三首简易小曲》（1914—1915）和他的新古典主义作品。当然，正如音乐学家埃里克·沃特·怀特（Eric Walter White）所主张，斯特拉文斯基四重奏小曲的音乐构思，与其在后来25年里创作的三部"交响曲"有关联，即《管乐交响曲》、《诗篇交响曲》和《C大调交响曲》。[2] 斯特拉文斯基在许多年里不断回望这些音乐小品，不免引人猜想它们对他的重要性。1914年，他开始为第一首四重奏小曲配器，这套小曲后来变成了为管弦乐队而作的《四首练习曲》（外加1917年为自动钢琴写的《练习曲》乐队版）。到了1928年，这些"抽象的"乐章也有了标题："舞蹈""怪人""圣

---

1 Little Tich（1867—1928），英国杂耍歌舞演员。——译者注
2 埃里克·沃特·怀特，《斯特拉文斯基：作曲家及其作品》（*Stravinsky: The Composer and his Works*, 2nd edn, London, 1979），pp. 234—235。

歌",以及"马德里",进一步表明了与科克托项目之间的关联。1915 年,这三首弦乐四重奏小曲在纽约伊奥利亚音乐厅上演时,被归在"怪诞曲"(Grotesques)的标题下,指向一种戏仿元素,它将成为斯特拉文斯基在瑞士那些年所作音乐的显著特征。关于这些音乐小品,最引人注目的是它们新的简约性。第一首几乎可以被看成是《春之祭》的删节版:它是对于——比如说——"大地之舞"的集中解读和反思。它的主要乐思由第一小提琴奏出,有着活泼的俄罗斯民间舞蹈所具有的旋律和节奏特征,伴有中提琴演奏的持续音和大提琴上的固定伴奏音型,不时被第二小提琴演奏的音阶片段打断。这个乐章的高度类机械化重复营造了一种仪式氛围,而乐思的堆叠则给音乐增添了稳定的特质。乐思中的每一个都在各司其职,互不干扰,并伴有不变的和声。整体来说,这一乐章是一种音乐常动曲,一件被凝固在时间里的物件:它不断开始与结束,但从理论上来讲,它能够继续,无休无止。这一音乐极富预见性。虽然斯特拉文斯基此时已经住在瑞士,但在最后一次去乌斯蒂鲁格小住,也就是在战争爆发之前,他就已经完成了这些小曲。然而,他早已察觉,改变迫在眉睫。就像《自传》中记录的那样(虽然是由枪手代笔,且大大得益于后见之明),斯特拉文斯基"意识到了漫布整个中欧地区的紧张氛围,我也确信,我们正处于一些重大事件前夕"。在《三首小曲》的第一首中,对错位的俄罗斯素材所表现出的态度是反讽、距离感和疏远，虽然斯特拉文斯基还未无可挽回地与祖国分离，但这或许能够看作是一位流亡者的回应。

在瑞士年间主要为钢琴而作的各式短小器乐作品中，斯特拉文斯基所谈及的变化显而易见，例如：一些为钢琴二重奏而作的作品，《花之圆舞曲》（1914）、《三首简易小曲》和《五首简易小曲》（1917），《儿童圆舞曲》（很可能是在1916年完成）、为自动钢琴而作的《练习曲》，以及再次为钢琴而作的一组简易小曲《五指》。《五指》是唯一一部在1921年完成的作品，当时他和家人住在可可·香奈儿位于巴黎郊区的家中。这些作品主要是为儿童演奏而作，但这种说法不应该骗到我们：对于刻意以简洁、巧妙手法和无表情为特征的音乐而言，这是一种便捷的伪装。这些特征在1920年代会显得意义更为重大。这些乐章许多以重复伴奏音型为特征，它们机械地重复着，没有变化。在它们上方，一些自然音阶旋律或是调式旋律漫无目的地曲折前进，而且往往滑稽地与伴奏产生冲突。（几乎不让人感到意外的是，斯特拉文斯基在那些年非常关注机械化自动钢琴。）他的模板是一些体裁小曲，如华尔兹、波尔卡和进行曲。旋律源自世界各地：俄罗斯、爱尔兰、意大利和西班牙。其中，萨蒂的影响显而易见。1911年，二人首次见面，而后继续在相同的圈子里走动。斯特拉文斯基欣赏他，《三首简易小曲》中的第二首就题献给了他（一首华尔兹，与萨蒂写作的许多作品相像)。尽管斯特拉文斯基很少公开提及萨蒂,但是瑞士年间的这些钢琴小曲与萨蒂的许多创作实践如出一辙,例如:萨蒂早在1880年代由"重复短句伴奏"的《裸体歌舞》与《玄秘曲》中的简约性和停滞感,以及萨蒂对于戏仿性体裁小曲的偏好,甚至是萨蒂近至1913年创作的"稚气"音乐:《稚童情趣》、《童趣闲谈》和《三首新的儿童曲集》。萨蒂的创作姿态与斯特拉文斯基相差无几。毕竟,斯特拉文斯基已经在《彼得鲁什卡》中表明,他能够通过一种音乐停滞的方式"做"戏仿和怪诞。但是,这些作品尤其令人着迷的地方在于它们如何展示斯特拉文斯基对待素材(无论出自哪里)的现代主义态度,这会在从《普尔钦奈拉》(1919—1920)起的作品中变得愈发明显。

萨蒂经常在音乐中采用流行音乐模板,还身兼卡巴莱[1]歌曲和杂耍咖啡馆音乐作曲家双重身份。斯特拉文斯基一直是夜店、音乐厅和咖啡馆的常客(这是他在圣彼得堡从佳吉列夫那里学来的习惯),也是在这些地方,他熟悉了当时席卷巴黎的最新美国流行音乐雷格泰姆和早期爵士。他还拿到了一些录音(这在一定程度上多亏了安塞梅,他在1916年与俄罗斯芭蕾舞团到美国巡演时,为斯特拉文斯基带回了一些谱子和录音)。在某种程度上,我们可以说,

---

[1] 法语 cabaret,意为"夜总会"。——译者注

这种"爵士"只是另一种他能够用自己的方式处理的异域"现成物",就像他曾经在《彼得鲁什卡》,以及稍近些在《五首简易小曲》的《西班牙舞曲》和《那波里舞曲》中所做的那样。但是,事情远比这复杂。在雷格泰姆通用语中,斯特拉文斯基找到了自己音乐创作实践的影子。雷格泰姆是一种炫技性钢琴风格,节奏语言丰富,大量使用切分音和附点音符。而且,雷格泰姆和爵士现代、时髦而西式。在接受这种音乐方面,斯特拉文斯基十分擅长,不输他的最新巴黎时装穿搭。就像对于儿童钢琴小曲的简化,影射爵士音乐风格或许是斯特拉文斯基直面他流亡者身份、渴望融入东道主法语文化的先兆。在战争年代及之后不久,斯特拉文斯基完成了三首雷格泰姆小曲。其中,最能说明问题的是《士兵的故事》中三首流行舞曲"探戈—华尔兹—雷格泰姆"的最后一首。《士兵的故事》是"一则寓言,既反映了它在完成过程中所处的时代,也反映了斯特拉文斯基作为那个时代的囚徒所遭遇的窘境"[1]。在无调打击乐和低音提琴的伴奏下,炫技小提琴活力十足地开始演奏,采用的是一种典型的雷格泰姆风格。然而,转眼之间,斯特拉文斯基仿佛瞥向了过去,因为音乐在不断变化的节拍中陷入了固执的重复,让人想起正在演奏某种与众不同的俄罗斯舞曲的民间提琴手。

---

[1] 斯蒂芬·沃尔什(Stephen Walsh),《斯特拉文斯基的音乐》(*The Music of Stravinsky*, Oxford, 1988),p. 86。

战争年代，俄罗斯不可避免地萦绕在斯特拉文斯基的脑海中。在战争最后那一年，他的思绪转向了一个与士兵有关的故事。在拉缪的帮助下，他着手讲述这个故事。斯特拉文斯基曾论及该项目如何在拮据的战时条件下诞生。当时，两位艺术家萌生了为旁白员、舞蹈家、小乐队及演员组成的小规模巡回剧团写一部作品的想法。它的素材取自阿法纳西耶夫俄罗斯民间故事集中一名逃兵和魔鬼的故事，虽然这个故事通过欧洲（浮士德）传说传播的版本影响更广。故事讲的是士兵把小提琴卖给魔鬼，以换取一本可预见未来的书。这本书给他带来了财富，却无法带来幸福。在一场纸牌游戏中，士兵击败了魔鬼，赢回了小提琴。他演奏小提琴，希望能治好公主的病，并娶她为妻。但是，思乡情切的他试图回到故乡，最终再次被魔鬼捕获。因此，这个故事有着各种能够观照那个时代的要素。作曲家在很久之后回忆说："1918年，我们的士兵显然是当时世界冲突的受害者。"对于斯特拉文斯基来说，一个由小提琴承担核心角色的流亡者渴望家乡的故事尤其令人心碎。塔拉斯金更是进一步主张，《士兵的故事》"或许就是一则与俄国革命有关的寓言，斯特拉文斯基只能远远地、沮丧地观望一切。他曾经欢喜地认为发生在1917年2月的事件是一场解放，但只看见被一场政变粉碎的短暂自由。"[1]

---

[1] 理查德·塔拉斯金，《斯特拉文斯基与俄罗斯传统》，pp. 1298—1299。

1918年，罗伯特·德劳内（Robert Delaunay），
《伊戈尔·斯特拉文斯基》

《士兵的故事》是20世纪音乐戏剧作品中最具创新性和影响力的作品之一。它代表的是一种横跨音乐会作品和戏剧两个领域，而且在那个世纪蓬勃发展的新体裁典范。斯特拉文斯基了解与街头剧院和四处奔走的音乐家有关的一切，就像《彼得鲁什卡》所展示的那样。但是，它们在此被用于创造一种粗糙的戏剧，与俄罗斯芭蕾舞团的奢华

制作十分不同。这部作品仅需七位演奏员（小提琴、低音提琴、单簧管、巴松管、短号和长号，外加打击乐）。这一构成让人想起各种各样受欢迎的乡土小乐队。他们演奏的音乐各式各样：从欧洲音乐到俄罗斯音乐，从高雅艺术音乐到流行音乐，从宗教音乐到世俗音乐。这是一部名副其实的戏剧音乐作品，但是乐手们在其中扮演着重要角色，而不是被隐藏起来。"小提琴是士兵的灵魂，而那些鼓则是黑魔法。"叙述者很关键，扮演着剧情解说演员的角色。斯特拉文斯基后来评论说他是"一位双向中间人，也就是……不同角色间幻术师般的诠释者，舞台和观众之间的评论员"。他最重要的作用就是让听众与这个故事产生距离。这不是写实主义戏剧。它的叙事不连贯，就像它的音乐是一连串音乐影射的拼贴。观众们被间离了。在这些方面，《士兵的故事》对斯特拉文斯基来说是一个里程碑（《彼得鲁什卡》则是重要先驱），因为它预示了新古典主义作品的折衷性，并在设法制造距离的过程中，将流放主题融入了作品的音乐内核。

不可否认，在瑞士的那些战争岁月对斯特拉文斯基来说非常艰难。他将1917年末描绘成他经历过的最艰难的时期之一：

> 接连不断的丧亲之痛让我不堪重负，我当时也正处在经济最困难的阶段。社会主义革命刚在俄罗斯取得了胜利，它

剥夺了我仍不时从这个国家得到的最后一点资源。身处陌生国度和战争之中,我发现自己(可以说)家徒四壁。[1]

凯瑟琳被诊断出肺结核,被送去了疗养院。这家人就是在这种情况下,发现自己在战争爆发之时被困在了瑞士。俄罗斯芭蕾舞团在巴黎的活动被搁置,切断了斯特拉文斯基的一项重大收入来源。尽管他确实通过指挥找到了新的收入来源,但是其他演出的版税也被大幅削减。1915年,他在日内瓦首次登台指挥了《火鸟》组曲。战争头几年,此前一直跟他们待在瑞士的母亲,即安娜·基里尔洛夫娜,焦急地想回到圣彼得堡(如今被重新命名为列宁格勒)。在整个战争期间,身处圣彼得堡的她与斯特拉文斯基失去了联系。随着战争没完没了地继续,以及布尔什维克在十月革命后掌权,斯特拉文斯基几乎失去了一切。1915年,他在乌斯蒂鲁格的家产被德奥联军洗劫并摧毁。这意味着斯特拉文斯基一家在那里的投资带来的所有收入都不复存在,包括在乌克兰的伏特加生意。当时仍然住在那里的别良金一家被迫离开,历经三年多的曲折,最终抵达瑞士,与斯特拉文斯基一家一起住进了波尔南公寓。1917年,他孩童时期的保姆贝尔塔的去世给了他沉重一击。她此前一直跟

---

[1] 伊戈尔·斯特拉文斯基,《自传(1903—1934)》〔*An Autobiography (1903 - 1934)*, London, 1990,最初以法语出版,题为 *Chroniques de ma vie*, Paris, 1935〕, p. 70. 英文版首次出版于1936年(无译者信息)。

他们住在莫尔日，照看着斯特拉文斯基的孩子们。仅在三个月后，他加入了红十字会的弟弟古里在罗马尼亚因斑疹伤寒去世，这个消息进一步加剧了他的悲痛。

由此可见，斯特拉文斯基在这些年饱受情感冲击和丧亲之痛。最重要的是，他意识到自己无法在短期内回到祖国。他作出的回应是让自己比此前任何时候都更深入地沉浸在母国文化中。像他之前的许多流亡者那样，他开始在想象中重造已经失去的家园。

通过让自己愉快地沉浸在俄罗斯民间诗歌中，斯特拉文斯基"找到了些许慰藉"。在瑞士那些年，他创作了大量歌曲，为出自阿法纳西耶夫、彼得·基列耶夫斯基[1]、伊万·萨哈罗夫[2]等人选集的俄语文本配乐，并把它们编成几部歌曲集，包括一组四首《增字胡诌诗》（*Pribaoutki*，1914）、四首《猫咪摇篮曲》（1915）、《四首俄罗斯农民歌曲》（1914—1917）、拉缪译本《给孩童的三个故事》（1915/1917）和《四首俄罗斯歌曲》（1918—1919）。在表现渴望和疏离方面，他选用的许多文本自带引人共鸣的特殊力量："这只麻雀望向别人〔去往陌生地方〕的方向"；"我去往你王国的道路已经被封闭"。通过全身心研究俄罗斯民间音乐，斯特拉文斯基在认知上取得了重大突破，正

---

[1] Pyotr Kireyevsky（1808—1856），俄罗斯哲学家，19世纪俄罗斯斯拉夫运动主将，曾收集民间歌曲出版。——译者注
[2] Ivan Sakharov（1807—1863），俄罗斯民俗学者、民族志专家、考古学家，曾搜集出版俄罗斯民间故事及宗教文献。——译者注

如他后来回忆：

> 俄罗斯民间诗歌的一个重要特征是：在被演唱时，朗诵时的重音被忽略了。认识到这一事实的内在音乐可能性，是一生中最令我欣喜的发现之一。

尽管不断变化的重音已经在他的音乐中具有重大意义（《春之祭》中的"春之占卜"就是最明显的例子），但是斯特拉文斯基如今"发现"，他能够以同样的方式处理文本，这源自他对于俄罗斯民间诗歌的理解。通过"自然的"话语重音和音乐节拍，俄罗斯民间诗歌中的重音可以被灵活处理。文本可以仅仅被看成语言，看成音响素材，而非语义材料。其中，重音能够像音乐的任何其他方面一样被利用。他配乐的许多歌曲文本是胡诌诗和谜语（如《嘀铃铃》），与它们建立起了一种有趣的联系，把它们都变成了他的作曲工坊。对待其他语义和叙事意义更明显的文本，他采取了同样的态度，结果却是将听众与相关意义隔离了开来。这是一种非同寻常的间离化策略，它将伴随斯特拉文斯基余生的创作，不论他选用何种语言。

如此看来，斯特拉文斯基采用了两种截然不同的态度回应流亡：通过表面上舍弃俄罗斯，在一些简单的钢琴小曲中展望未来；通过让自己深深地沉浸于民间传统，在一些歌曲中回望过去。即便是在 1920 年代，这样的二元主义仍然是他创作产出的一个显著方面。然而，接受斯特拉文斯基和他的本土文化之间的关系，一直以来都因为他屡屡试图否定其重要性而变得复杂。例如，他在1950年代对克拉夫特说："我永远无法共享他［巴托克］对于民族民间文化的毕生热情。他的投入当然真挚而动人，但是我忍不住为这位伟大的音乐家感到遗憾。""永远无法"明显不是真相。就在几年后重返俄罗斯时，他坦承俄罗斯语言和文化对他的一生所产生的深远影响。作为永远的机会主义者，斯特拉文斯基讲述给听众的是他自己认为他们想听的东西。但是，这些矛盾耐人寻味。实际上，通过完善他在《彼得鲁什卡》和《春之祭》中已经发展出来的技术：距离化和疏离，戏仿与讽喻，以及通过强迫症似的重复短小音乐动机和持续音而实现的停滞，瑞士时期的音乐强有力地表达了一种丧亲之痛。有时，它被直接表现为一种哀怨，而在其他时候，它染上了一丝悲恸的幽默。在钢琴作品和歌曲中，这两种模式都显而易见。

所有这些对诗文和语言的考量，催生了两部重大的俄式作品。《狐狸》创作于1915—1916年，结合了儿童歌曲和出自阿法纳西耶夫选集中的胡诌诗，文本和音乐相辅相成。这是一个"与狐狸、公鸡、公猫和公羊相关的故事"（后来在拉缪的法文翻译中是"山羊"）。与《彼得鲁什卡》一样，它的副标题是"一部滑稽剧"，而且是作为一种粗俗的哑剧出现。它由小丑、支架台上的舞蹈演员或是杂技演员，以及台子后方的管弦乐队和歌手一起表演。歌手并不特别与四位哑剧演员或是舞蹈角色一一对应；而且，在风格化的歌曲和讲话中，他们保持着疏远的状态，偶尔甚至评论着剧情。这种距离感通过进行曲作框架的手法被强化，演员以这种方式被引入和引出表演空间。一切十分清楚，这是剧场，而非真正的生活。这支民间风格乐队中包含一件钦巴龙，斯特拉文斯基1915年某个晚上与安塞梅在日内瓦一家餐厅就餐时，第一次听到就爱上了这件源自匈牙利的弦乐器。它以一种喜剧的方式表现山羊，也模仿了古斯里琴（一种巴拉莱卡琴）的声音。至少斯特拉文斯基是这样说。事实上，由钦巴龙演奏的音乐像是一项发明，而非基于任何真正的俄罗斯民间传统。《狐狸》表明，它自身是怀旧想象的产物。这部同时是又不是俄罗斯式的作品揭示了斯特拉文斯基从国家、文化和家庭中被流放一事。就像瑞士时期那些钢琴小曲，幽默、胡诌和丰富的文本趣味性是一种防御策略，试图掩盖斯特拉文斯基"在距离我的国家如此之远的地方所感受到的悲伤"——他后来在《自传》中如是记录。

不过，另一部在斯特拉文斯基早年流亡生涯中占据主导地位的作品或许是他创作过的最具俄式特色的作品。那就是 *Svadebka*（它的俄文标题），又称《婚礼》——由拉缪翻译的法文标题更广为人知。这部作品最初的一些想法始于他流亡之前的1912年，当时他还在创作《春之祭》的第二部分。相关创作不断被打断,尽管初稿完成于1917年,但直到1923年才终于完成并首演。当年6月13日,俄罗斯芭蕾舞团在巴黎首演了这部作品,它的舞台设计由纳塔利娅·冈察洛娃完成,编舞交给了尼金斯基的妹妹勃洛尼斯拉娃·尼金斯卡(Bronislava Nijinska)。这部作品漫长的孕育过程可以被理解,因为在战争年代,环境艰苦,要确保为大型乐队而写的作品上演,会面临诸多问题。但是,这仅仅解释了《婚礼》性格发生转变的部分原因——从最初呈现的一场盛大、叙述性俄罗斯农民婚礼,转变成最终风格化、非叙事性的仪式动作。这部作品的演变离不开作曲家自己在流亡过程中与俄罗斯之间关系的变化(实际上,与俄罗斯自身身份的迅速转变相一致),他正在背离"真正的"祖国,走向想象中的祖国。

这部作品最明显的变化在音乐方面。音乐一开始与俄罗斯芭蕾舞团那些令人印象深刻的保留剧目一样,使用的是《春之祭》那种大型交响乐团,大组乐器竞相演奏,随后不同乐器组被安排在舞台周围。事实证明,这行不通,所以斯特拉文斯基尝试了《狐狸》那种精简风格的室内乐合奏组。最终也被否决,取而代之的是"更简洁的"版本。在其他打击乐器之外,加入了两架钦巴龙,而管乐器和弦乐器分别被簧风琴和自动钢琴取代。有人猜想,斯特拉文斯基采用这种解决方案,主要是因为机械化乐器的使用,对应了作品整体风格的转变,它变得更为客观,更加仪式化——用斯特拉文斯基的话说,"不带个人色彩"。的确,其中一些电动乐器的出现凸显了《春之祭》中显著的机械化特征。在明显的喜剧和庆贺基调之外,《婚礼》与它更为暗黑的前身有许多共同之处,直到长者监督下贞洁少女的最后"献祭"。("费蒂斯和娜斯塔西娅被送到卧房后,就剩下他们自己,门也被关上了。两位父亲和两位母亲坐在门前的长凳上,婚礼的所有宾客都面向他们。")《婚礼》的核心是失落和悲伤,正如罗曼·弗拉德(Roman Vlad)所说,那是"在面对生活结束和开始的双重奥秘时,所感受到的不安"。在表现"一想到周围的可怕力量,就让人难以承受的痛苦"方面,《婚礼》与《春之祭》有相似之处。[1] 因此,它在很大程度上是作为战争年代的产物而出现,结尾处声声钟声的光辉和非同寻常的停滞,进一步凸显了这一点。与此同时,它也是一段关于圣彼得堡的怀旧记忆(尽管是被在伦敦一辆的士上听到的圣保罗大教堂钟声唤起),还代表了某种形式的遗忘。

最终,出于现实原因,斯特拉文斯基也不得不放弃他更偏爱的音乐。事实证明,自动钢琴在演出中无法与非机械化乐器同步。即便如此,为四架钢琴和大型打击乐组而写的最终版本仍然保留了打击乐的辉煌。它棱角分明、珠光宝气的音响完美地支撑着合唱团与独唱演员的庆典性演

---

[1] 罗曼·弗拉德,《斯特拉文斯基》(*Stravinsky*, trans. Frederick and Ann Fuller, 3rd paperback edn, London, 1985), p. 72。

唱。这部作品的文本被斯特拉文斯基打造成了连续的四个场景，选用了他在最后那段乌斯蒂鲁格和基辅之旅中搜集到的民族志素材，主要是基列耶夫斯基那本俄罗斯民间歌曲的大合集（他已经在自己的一些歌曲中用这些歌词进行过实验）。悲痛和祈祷被编织进婚礼的不同片段（新郎和新娘的准备工作，新娘的离开，婚宴和圆房）。这部作品的情节经常具有象征意味，就像《狐狸》中没有哪个参演人员有固定角色。虽然植根于原真范例，但是它的旋律素材大多是自行发明而来。例如，一开始，对于少女时期的长发表露出的悲伤，伴随着典型的"哭腔式"装饰音，让人想起真正由农村新娘演唱的音乐。《婚礼》中的非调性和声（或许能被粗略地描述成"调式的"，混合了无半音音阶、自然音阶和八音音阶形式），同样源自他对于民间素材的研究。最重要的是，赋予这部作品活力的是它的节奏构成，它主要源自斯特拉文斯基对于文本重音作出的回应。在这部作品中，节奏在很大程度上是主要的结构施为者，就像在《春之祭》中一样。它是一种具有最强动能的音乐，它无休无止地向前推进，朝向的既是仪式性狂欢，也是悲剧性的舞蹈。它最终成为斯特拉文斯基最辉煌的俄罗斯庆典，但那是在流亡过程中从远处被想象和发明出来的俄罗斯。

5. 一次与创作有关的顿悟：巴黎风格和新古典主义

1915年,《伊戈尔·斯特拉文斯基肖像》（见下页插图），作者雅克-埃米尔·布朗什[1]。受人欢迎的度假胜地多维尔海边，法式公子哥斯特拉文斯基在前往下一场社交聚会前稍稍停留。他系着领结，身着礼服上装，塞着口袋巾，长裤裤线笔挺，裤腿有卷边，穿着鞋罩。他的衬衣无疑是丝绸材质。手臂上松垮地挂着一件棕色外套，手里则抓着一顶洪堡毡帽。他神情专注，十足一位严肃艺术家的样子，表情因勾勒出上唇的铅笔胡子而更显夸张。他倚着的那根木质手杖是一件早就在上流社会人士中间流行的配饰。画面上，一位深谙世事的摩登男士回头看向我们，他高挑、优雅，散发着贵族气质，把控着自己和自己在他人眼中的形象。

布朗什这样一位备受尊重的上流社会肖像画家的认

---

[1] Jacques-Émile Blanche（1861—1942），法国肖像画家。——译者注

1915年，雅克-埃米尔·布朗什，《伊戈尔·斯特拉文斯基》

可，对斯特拉文斯基意义重大。在把这位作曲家展现成他希望自己被看到的样子这件事情上，布朗什功德无量。从这张画像来看，观察者的角度放得相对较低，拔高了画中人物的身高。实际情况完全不是这样。斯特拉文斯基的身高只有160厘米，他在整个成年阶段都对自己的矮小身型十分敏感。在模仿上流社会人士时，他对于时尚、华贵和高大外形的执着，或许是一种让人分散注意力的防御性策略。

大约在布朗什画像同一时期，罗曼·罗兰记录的斯特拉文斯基形象大不相同：

> 他个子小，病态模样，丑，脸泛黄，瘦而憔悴，眉窄，头发稀薄，发际线后移，在夹鼻眼镜后的眼睛紧眯着，肉鼻子，大嘴唇，一张与前额不成比例的长脸。[1]

然而，在衣物之下，他的身体清瘦而紧致。1930年的一张照片证实了这一点：年近半百的作曲家，在儿子西奥多身边，两人都展示着他们年轻、古铜色、肌肉线条分明的身躯。斯特拉文斯基一向自负，到了自恋的地步。在一生中大多数时候，他每天的日程都始于锻炼。他明显很爱

---

1 罗曼·罗兰，《战争年月的日记》（*Journal des années de guerre*）"1914年9月26日"条，斯蒂芬·沃尔什英译，参见其《伊戈尔·斯特拉文斯基：创作之春——俄罗斯与法国：1882—1934》，p. 244。

惜自己的身体，也显然很享受在相机前摆拍。他甚至不觉得与家人分享自己的裸照于情不合。鉴于有些照片是由他的情妇薇拉·苏德基娜（Vera Sudeykina）而非他的妻子在和他一起度假时拍摄，可以说他无礼得近乎残忍。

斯特拉文斯基的家人、朋友和工作上的熟人往往对他的外表印象深刻，还会在信件和日记里记录这一点。一些报纸经常会评论他的着装选择。1920年代中期，侄女塔尼娅（Tanya）在斯特拉文斯基家中住了将近一年，她是叔叔衣柜的热心记录者。在给父母的信中，她写道："他着装亮眼，有很多领带。"[1] 1924年，让·科克托给斯特拉文斯基的许多时髦配饰编了号，但他也很快意识到，这些只是他外表世界的一部分：

> 戒指、绑腿、围巾、半腰带、领带、领带夹、腕表、厚围巾、护身符、夹鼻眼镜［原文如此］、单片眼镜、眼镜、链式手镯，都无法充分传达他的面貌。简单来讲，它们表明，从外在上来看，斯特拉文斯基无意讨好任何人。他想创作什么就创作什么，想怎么装扮就怎么装扮，想说什么就说什么。[2]

---

[1] 转引自《伊戈尔和薇拉·斯特拉文斯基：照片集，1921—1971》（*Igor and Vera Stravinsky: A Photograph Album, 1921-1971*, London, 1982), p. 89。
[2] 让·科克托,《斯特拉文斯基近况》(The Latest Stravinsky, *La Revue musicale*, 1 December 1923, trans. Bridget Behrmann and Tamara Levitz, in *Stravinsky and His World*, ed. Tamara Levitz, Princeton, NJ, 2013, p. 43)。

它们或许很好地证明了这一点。但是，这些不同的画像同样表明斯特拉文斯基有多在乎以时兴的方式穿戴。部分原因可能是受恐惧驱使，他害怕被当作乡巴佬，害怕显得与战后见多识广的巴黎社会格格不入。这种感觉同样是他的音乐在1920年代偏离俄罗斯，转而与西欧音乐经典站在同一阵线的原因。但是，最主要还是因为他是属于那个时代的人，在着装审美和音乐方面都是，而且他最渴求的是被当成一个现代人。

斯特拉文斯基对于自我和身体的狂热，强化了他自孩童时期以来对自己健康问题的执着。与母亲一样，他是一位疑病症患者。他的一生多次与死亡擦肩而过，但最著名的一次是在《春之祭》首演之后，他显然是吃了一只坏掉的牡蛎感染了伤寒症。仅在四年之后，这个病就要了他弟弟古里的命。医疗账单和谁来支付这些账单是他信件里不断出现的主题。但是，他无法控制对于香烟、美酒和佳肴的喜爱。这些都是成为名流圈一份子的必要组成部分。他在圣彼得堡已经对夜店产生了浓厚兴趣。正是在巴黎的这些场所，他见到了许多有影响力的人，他们喜欢与这位知名作曲家作伴，这些人反过来也对他最有帮助。1920年，《普尔钦奈拉》在巴黎歌剧院成功首演，紧随其后的纵酒狂欢只是他参加过的许多狂野社交之夜中的一次。尽管言人人殊，但佳吉列夫可能就是在这种特殊场合向斯特拉文斯基引见了"可可"加布里埃尔·香奈儿。

香烟是斯特拉文斯基对外形象的重要组成部分。他使用的是一支长且线条柔和的烟嘴。西奥多记得父亲这样告诉家人："它是由信天翁的喙制成"，"非常、非常珍贵"。而且斯特拉文斯基频繁与它一起出镜。与飞来波女郎和汽车一样，香烟也象征着一种令人向往的战后自由主义潮流。在香烟不断将市场瞄准女性，以及女性开始抽烟之后，更是如此。又一次，对于斯特拉文斯基来讲，自己是否被视作那个现代社会的一分子，至关重要。他的着装和举止是他融入这种环境的一部分。1910年，巴黎在《火鸟》首演那晚爱上了斯特拉文斯基，而斯特拉文斯基也爱上了巴黎。从那时起，直到他1939年动身去美国定居，斯特拉文斯基的成功都与"光明之城"巴黎的生活密切关联。

时尚不仅是特定时空受欢迎的某种特定着装和行为，也建构着个人或集体的文化身份。正是在这种语境中，探究斯特拉文斯基着装和音乐的变化，与他所处世界更广泛的文化和社会变革之间的相互关系，才具有启发意义。在帮助重塑更宽泛的巴黎战后艺术理解方面，玛丽·E.戴维斯（Mary E. Davis）的文章尤其具有影响力。她的研究聚焦巴黎时尚和高级定制服装设计师，以及那些推广和赞美这一切的杂志。简而言之，她探讨的是音乐和时尚创新之间的紧密关系对于现代主义思想的深远意义。巴黎的沙龙、卡巴莱、剧院、音乐厅和美术馆，为两次战争之间那些年最有影响力的思想家、艺术家和法国上层社会最富有的艺

"可可"加布里埃尔·香奈儿,约 1925 年

术赞助人之间的走动提供了场所。法国的时尚媒体讨论着音乐的最新趋势,不过是因为斯特拉文斯基等人的音乐"与战后在巴黎精英阶层盛行的更为宏观的风尚文化密切相关"。戴维斯论点的核心在于"潮"的概念,它一开始指的是一般意义上的现代优雅。在 1914 年之后,它与一些更为

具体的概念相关，如"青春活力""纯真优雅""和谐而低调的简约"，以及魅力。[1]

在战后时尚革命的领军人物中，香奈儿最为出色。作为斯特拉文斯基1920年那段婚外情的对象，她走进了我们正在讲述的故事。这段关系虽然引起过诸多猜疑，也不可避免地被夸大，还是一部成功小说和电影的主线，但这段绯闻并没有在传闻之外得到任何确凿证据的支持。[2] 直到1946年，香奈儿才向保罗·莫朗[3]坦白。而直到30年之后，可可和伊戈尔都已经去世，莫朗才将香奈儿的坦白公之于众。无论如何，看起来，香奈儿与斯特拉文斯基一样，都十分擅长重塑自己的过往。尽管如此，鉴于当事双方的脾性，我们没有什么理由怀疑二人之间的强大吸引力。就像丹尼丝·斯特拉文斯基（Denise Stravinsky）在得到丈夫西奥多许可后所说："伊戈尔轻浮，香奈儿勾人。"1920年秋天，香奈儿邀请一贫如洗的斯特拉文斯基一家及随行人员搬离布列塔尼（在战争期间长期逗留瑞士之后，他们刚搬到这里），让他们住进了她在巴黎西郊加尔什新购置的新

---

1 玛丽·E. 戴维斯，《香奈儿、斯特拉文斯基和音乐潮流》（Chanel, Stravinsky, and Musical Chic, *Fashion Theory*, X/4, 2006, pp. 452, 434—436）。另参见玛丽·E. 戴维斯，《经典潮流：音乐、时装和现代主义》（*Classic Chic: Music, Fashion and Modernism*, Berkeley, ca, 2006），尤其是第六章。
2 克里斯·格林哈尔希（Chris Greenhalgh），《可可与伊戈尔》（*Coco and Igor*, London, 2002）。格林哈尔希也是《可可·香奈儿和斯特拉文斯基》（*Coco Chanel and Igor Stravinsky*, 2009）一片的剧本作者，这部电影由扬·寇南（Jan Kounen）执导。
3 Paul Morand（1888—1976），法国外交官，作家。——译者注

艺术风格别墅"绿色气息"（Bel Respiro）。（香奈儿自己住在旺多姆广场利兹酒店豪华套房。）她是斯特拉文斯基作品的仰慕者。1913年，在《春之祭》预演时，她第一次听到斯特拉文斯基的音乐。如今，她捐赠了一大笔钱，让佳吉列夫得以上演由马西涅编舞的新制作。据传，作曲家在"绿色气息"安顿下来后不久，这段婚外情就开始了。长远来看，这样一种情况不可持续。因此，到了第二年春天，这家人就以凯瑟琳身体虚弱为借口，搬往了比亚里茨。无疑，比亚里茨是一个时髦地方，而且是香奈儿1905年开业的第二间店铺所在地。这个地方虽然仍在法国境内，但是距离巴黎已经远得不能再远了。普莱耶尔钢琴公司提供的一间位于罗什舒瓦尔街厂房楼上的工作室成了斯特拉文斯基在首都的新落脚点。音乐、工作和婚外情，如今可以远离家人的凝视，安全进行。但是，他跟自己起了冲突。不论他在巴黎待多久，他总是称凯瑟琳和家人所在之处为"我家"。

在斯特拉文斯基见到并疯狂爱上后来的情妇与第二任妻子薇拉·苏德基娜之前，他还有过香奈儿之外的其他女人，其中包括两名年轻的俄罗斯舞蹈家，先是莉迪娅·洛普科娃（Lydia Lopukhova），后来则是"蝙蝠"卡巴莱的叶尼娅·尼基蒂娜（Zhenya Nikitina），还有巴西歌手薇拉·亚纳科普洛斯（Vera Janacopoulos）和出了名的美人胡安妮塔·甘达利拉斯（Juantina Gandarillas）。从某个层面来讲，了解斯特拉文斯基个人的出轨行为对于理解他的创作并没有什么重要意义。斯特拉文斯基个人的不轨行为表明的是他在处理两性关系上的不足，与他日常生活中近乎强迫性的秩序形成了鲜明对比——这是定义此人的诸多矛盾中的一个。然而，从另一个方面来看，这表明他在私人生活中也擅长戴面具，就跟在公共场合一样。与光艳照人的女性之间的婚外情，满足了他对于被人崇拜的渴望。他绝对是在算计着这些关系，"合乎逻辑，而非心理"是克拉夫特的形容。[1] 尽管他完全依赖凯瑟琳，但她不过是另一个让他想起自己偏远俄罗斯血统的存在，这是他竭力隐藏的一点。凯瑟琳与他在公众面前的人设格格不入。整整18年，直到凯瑟琳在1939年去世，都是拥有美丽蓝色眼睛的薇拉陪他参加社交活动，与他一道站在镁光灯下，跟他一起在欧洲和美国巡演，参加作品首演，出席所有时尚活动和出入奢华场所，一起出现在媒体的镜头下。身体虚弱的凯瑟琳，不断与最终让她丧命的肺病斗争着。她被安置在一定距离之外，操持着家庭，照料着他们的孩子和他的母亲。讽刺的是，为了保持良好形象，斯特拉文斯基称薇拉是他的"秘书"，而更确切地说，凯瑟琳才是那个备受他信赖的誊抄员和音乐顾问。因此，他过着的是一种非同寻常的双重生活。我们可以看到这对斯特拉文斯基的好处：与薇拉一

---

[1] 罗伯特·克拉夫特，《斯特拉文斯基：生平掠影》（*Stravinsky: Glimpses of a Life*, New York, 1992），p. 13。

起在巴黎过着名流生活，与凯瑟琳在一起过着无后顾之忧的家庭生活——实际上，家里才是他完成绝大多数创作的地方。

凯瑟琳坚毅而不失体面地忍受着这种生活，无疑是为了孩子们，也因为她别无选择。米雷妮（Milène）是斯特拉文斯基宠爱的小女儿，她回忆起1933年的一次巴黎之旅，她的母亲被引见给了父亲的"女人"。凯瑟琳告诉米雷妮，她一定不能轻视她们中的任何一个。回家后，米雷妮回忆说，"我从未见过她哭成那样"。或许凯瑟琳觉得，这种苦难是俄罗斯人个性中不可避免的一部分，而且她的宗教义务就是，无论在什么情况下，都要坚忍地支持丈夫的创作才能。1935年，她在从桑塞罗摩（Sancellemoz）疗养院写给斯特拉文斯基的一封信中写道："诱惑和考验有益于灵魂。"然而，斯特拉文斯基的精神虐待显然产生了负面影响。丹尼丝写道："她美丽的脸庞永远挂着一丝悲伤"，她的"痛苦"和"永远无法愈合的伤口"。但是，这家人似乎也急于强调"伊戈尔也遭受着折磨，他知道自己对此负有责任"，他会温柔地安抚妻子。这是一种他强加给自己的特殊磨难，无疑受到愧疚驱使，但让他精神压力更大的是要向母亲完全隐瞒婚外情。虽然是以不同方式，但是斯特拉文斯基真的同等且同时爱着并需要这两位女性吗？的确，他真心实意地因为凯瑟琳的死而悲痛欲绝。我们只能这么说，不论孩子们怎么看待这种情况，而且不论他们对薇拉是什么感受,他们都不希望父亲以负面形象出现。西奥多和丹尼丝证实了一点,他们希望人们首先记住斯特拉文斯基是一个爱家庭的人。

斯特拉文斯基与男士们的关系又如何呢?不可避免的是,在他所处的那个年代,他在学生时期和职业生涯早期接触到的只有同性。他走动的艺术家和知识分子圈子对于支持和推广他的作品至关重要。从圣彼得堡的"艺术世界"到巴黎的"阿帕奇人"[1],几乎是清一色男性。这些男性之间建立的亲密关系,以及友谊的破裂,都是轰轰烈烈,其中最广为人知的是斯特拉文斯基与佳吉列夫之间的关系。这些男士中有许多是同性恋,而佳吉列夫等人对于他们的同性恋关系持完全开放的态度。斯特拉文斯基显然很喜欢他们,是对他最喜爱的弟弟古里的那种喜欢,古里也是同性恋。但是,迄今为止,没有任何迹象表明,斯特拉文斯基与这些男性中的任何一位有过性关系。2013年,罗伯特·克拉夫特提出了一种令人惊讶的说法:"在与佳吉列夫交往早期,斯特拉文斯基只处在双性恋阶段。"[2] 除了语言表达风格令人尴尬之外(一个人怎么可能只被两种性别的人吸引呢?),他没有提供任何证据,只不过对一些长久存在于公共领域的信件进行了靠不住的翻译和误导性解读。

---

[1] Les Apaches,20世纪初,巴黎一群前卫音乐家、作家、艺术家组成的小团体,其名称来源于当时在巴黎街头肆虐的黑帮。——译者注

[2] 罗伯特·克拉夫特,"情爱增强"(Amorous Augmentations, in *Stravinsky: Discoveries and Memories*, n. p., 2013), p. 163。

克拉夫特提出，这些恋爱关系发生在他和安德烈·里姆斯基-科萨科夫和作曲家莫里斯·德拉热（Maurice Delage）之间（无意冒犯，但德拉热是法国人，而非克拉夫特所说的比利时人）。最令人咋舌的是，他声称"拉威尔和斯特拉文斯基是时不时的情人关系"，却没有一点儿资料来支撑这种说法。[1] 关于克拉夫特的这些所谓秘闻，最令人惊讶的是，在 2010 年代之前，从未有过任何风声。如果斯特拉文斯基曾经与男人有过充满激情的恋爱关系，即便只持续了很短一段时间，他的朋友们也不大可能对这些八卦守口如瓶。在克拉夫特提出令人信服的新证据之前，我们不得不对他的动机持怀疑态度，否则，他就是理解斯特拉文斯基生平和遗产绕不过去的一个人。

比亚里茨和尼斯（斯特拉文斯基一家 1924 年搬到了那里）对斯特拉文斯基之所以重要，还有另一个原因。像巴黎一样，这两个地方都有庞大的俄罗斯流亡人员群体，尤其是在俄国革命导致大批白俄外流之后。不管这位巴黎国际社交圈的宠儿对他的偏远过往感到多么不堪，斯特拉文斯基在家庭生活中一直与祖国文化保持着最紧密的联系。伊戈尔和凯瑟琳一直以来都不是那种严守教规的东正教教会成员，但是据丹尼丝讲，他们一直保留着信仰。比亚里茨有一个大型东正教教堂，米雷妮就是在那里作了第一次

---

[1] 同前，p. 172。

告解，长期遭受折磨的凯瑟琳也是在那里慢慢地找到了精神慰藉。在尼斯，也有一个重要的东正教聚集地。在这里，全家人曾经有一段时间加入了一个俄罗斯教会分会，它在1917年之后被称作"流亡教堂"。这一大家子是旧俄罗斯（甚至乌斯蒂鲁格）的一部分，首先迁到了瑞士，随后踏上了法国的土地：不止是伊戈尔、凯瑟琳和四个孩子、他们忠诚的奶娘贝尔塔·埃森——她在莫尔日去世后，换成了玛杜波（Madubo）——以及他们的雇员，还有别良金一家和他们的保姆。他们一开始与斯特拉文斯基一家在莫尔日避难。这个"姻亲"家庭随后跟他们一起去了布列塔尼、"绿色气息"和比亚里茨，直至各奔东西。1922年，斯特拉文斯基的母亲离开了如今被称作列宁格勒的地方，回到了流亡中家人的怀抱。正是她，而非该流浪群体中的任何其他人，让俄罗斯精神保有着生命力。安娜和凯瑟琳尽了自己最大的努力，让他们住的所有地方 уютный——舒适（丹尼丝·斯特拉文斯基形容它是"一个完美的俄语词"，代表了斯特拉文斯基的家庭氛围，这个词"象征着魅力、亲密……以及更多其他含义，就像德文里表舒适的 gemutlich"[1]）。凯瑟琳每天晚上都用金银线绣传统图案。安娜则经常用茶和体面的俄罗斯点心招待来客。安娜比媳

---

1 西奥多与丹尼丝·斯特拉文斯基（Théodore and Denise Strawinsky），《家庭中的凯瑟琳与伊戈尔·斯特拉文斯基，1906—1940》（*Au cœur du Foyer: Catherine et Igor Strawinsky, 1906-1940*, Borg-la-Reine, 1998），p. 138. 本段由作者翻译。

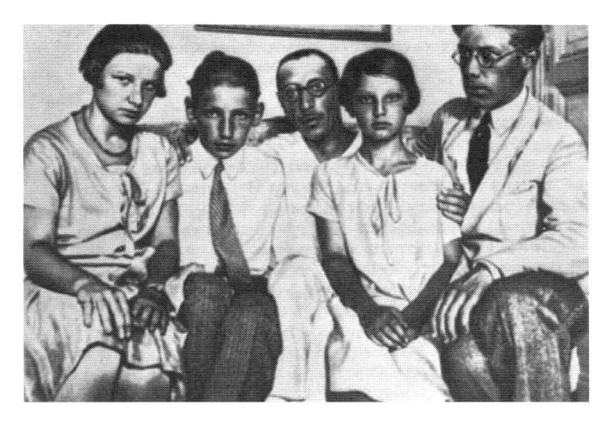

5. 一次与创作有关的顿悟：巴黎风格和新古典主义 103

1926 年，伊戈尔·斯特拉文斯基和孩子们。从左到右：柳德米拉（米卡）、斯维亚托斯拉夫（苏利马）、伊戈尔·斯特拉文斯基、米雷娜（米雷妮）、费奥多尔（西奥多）

妇凯瑟琳和孙女米卡都活得稍微长一点，最终在 1939 年 6 月落葬于巴黎郊外圣热那维埃芙代布瓦的俄罗斯东正教公墓，挨着她们俩。

因此，在战后那些年，事实正好与表象相反——在公共场合，斯特拉文斯基的精力主要集中在巴黎潮流上，而在私底下，俄罗斯仍然是他生活中一个根本且持续的构成部分。这进一步强化了理查德·塔拉斯金那个具有影响力的观点，即无论多元化的音乐外观可能表明了什么，这位作曲家"根深蒂固的俄式思维和聆听习惯"一直在主导着他的创作生涯。在生命晚期，斯特拉文斯基自己开始意识到，他的根本风格或是方式一直以来都是不折不扣的俄罗斯式。[1] 但是,这两个世界之间显然存有张力,一边是斯特拉文斯基的现代化追求,另一边是他的文化认同。这种过去和现在之间的张力是疏离和流亡的标志。它在斯特拉文斯基的生活和工作中以各种各样的复杂方式出现。

让我们回到两次战争之间的巴黎。斯特拉文斯基出现在香奈儿身边,不论是否是婚外情,都意义重大。用戴维斯的话说,这是因为她在"打造和推广一种以简洁和日常优雅为基础的艺术现代主义理想方面,扮演着重要角色"。[2] 香奈儿的小黑裙是 1920 年代简素风格最具影响力的表现,它迅速成为那个时代的标志:线条简洁、端庄、优雅。自面世那一刻起,它就成了"经典"。但是原则上所有人都能驾驭它。1926 年 10 月 1 日,《时尚》(*Vogue*) 杂志发表了著名宣言,将它称作"香奈儿'福特'——全世界的人都会穿上的连衣裙"。就像福特 T 型车一样,它象征着大宗生产和消费的现代社会中一种不受束缚的个人风格。在这个语境下,有一点很清楚,那就是斯特拉文斯基的音乐在第一次世界大战期间及之后,发生了一些改变,即减少不必要元素,转向更简洁和纯粹的方向,这与当时

---

1 理查德·塔拉斯金,《斯特拉文斯基与俄罗斯传统》,pp. 1648,1675。塔拉斯金套用了斯特拉文斯基发表在《共青团真理报》上的一段采访(1962 年 9 月 27 日)。
2 玛丽·E. 戴维斯,《香奈儿、斯特拉文斯基和音乐潮流》,p. 432。

盛行于成衣领域的潮流特征密不可分。类似的是,定义两次战争年间装饰艺术潮流的折衷主义,也定义了斯特拉文斯基所谓新古典主义中的现代主义。对于巴黎的社交名流和知名人士来说,即"疯狂年代"的"光彩青年"(Bright Young People),斯特拉文斯基的新古典主义潮流具有与"爵士时代"受欢迎的舞蹈音乐和香奈儿的时装设计同等的吸引力。

《时尚》刊登香奈儿黑裙的时装图版以简单的几何线条为框,这种线条是装饰艺术图形风格的典型特征。1920年代高级时装所取得的成就是一种更为宽泛的风格的一部分,它后来被称作装饰艺术(Art Deco)。1925年巴黎博览会——国际装饰艺术与现代工业博览会——游客手册的封面插图充分说明了这一点。[1] 巴黎及其建筑退居背景的次要位置,而一位身着最新流线剪裁外套、帽子、鞋子和珠宝的年轻女士站在了前景位置。不寻常的是,她并没有身处工业混凝土、钢铁和玻璃的环境中,而是站在一根顶部带爱奥尼克柱头的白色柱子旁边:这是现代与过去之间的对话。1925年世博会上,时装扮演着核心角色。高级时装不仅被当作商品,也被视作一种现代装饰艺术。根据游客指南,时尚"引领了其他文艺形式的步伐",对于"以'新

---

[1] 夏洛特·本顿(Charlotte Benton)、蒂姆·本顿(Tim Benton)和吉斯莱娜·伍德(Ghislaine Wood)编撰,《装饰艺术,1910—1939》(*Art Deco, 1910 - 1939*, London, 2003), p.15, 图例13.4。

奇'为基础的'现代性'至关重要"。[1] 总而言之，在巴黎，装饰艺术逐渐成为现代性的象征。战后那些年，科技创新推动着社会、政治和经济的快速变化，装饰艺术对此作出了回应。确实，它提供了新时代所需的新建筑，例如公共集会和展览空间（夏佑宫）、电影院（塞克雷坦宫）和机场（布尔热）。1920年代和1930年代的巴黎建筑师们设想了一种生机勃勃的城市环境，它绝对现代、宏伟，且向所有人开放。汽车、飞机和远洋班轮等新技术开启了世界大门，而装饰艺术风格也在它的国际主义和折衷主义中折射出了这一点。这种新技术让巴黎的现代主义迅速传播到了全世界——伦敦、纽约、孟买、上海和墨尔本，以致装饰艺术成了第一种真正的国际化艺术风格。装饰艺术形式多样，涉及"高雅的"西方和"异域风情的"东方艺术，精英和大宗生产艺术，以及抽象和装饰艺术。这一切让两次战争之间处在新古典主义时期的斯特拉文斯基产生了强烈的共鸣，他正处在高与低、激进和保守之间的位置。

斯特拉文斯基正是在巴黎的这种环境下生活和工作。他的音乐是为巴黎一些最重要的新建筑而作。不可避免的是，这种现代环境在一定程度上形塑了他的思想，而他也在解读这种现代环境。举个例子，我们可以看一看巴黎一战前那些年建造的诸多最重要的公共建筑之一香榭丽舍剧

---

[1] 参见瓦莱丽·孟戴斯（Valerie Mendes），《装饰艺术风尚》（Art Deco Fashion, in *Art Deco*, ed. Benton et al., p. 261）。

巴黎，蒙田大街，香榭丽舍剧院

院，其历史与斯特拉文斯基的创作历程密不可分。剧院坐落在时尚的蒙田大街，1913 年 5 月 29 日，《春之祭》在此首演，而这座建筑本身也仅在几周前才开幕。这座由建筑师奥古斯特（Auguste）和古斯塔夫·佩雷（Gustave Perret）兄弟设计的建筑，展示出许多后来与装饰艺术联系在一起的特征。它是一纸大胆的宣言，通过拒绝浪漫主义和华丽的美好年代风格而望向未来，也回望着古典主义的过去。佩雷兄弟使用了"简素"一词来形容该建筑的特征。它的外观简单，无装饰，不露情感，宏伟而优雅。它的现代主义不仅源自它主要的建筑材料（钢筋混凝土），也源于它清晰几何线条所展现出的简洁,以及它在镶金边的窗户和饰带之外没有明显的外观装饰。然而,它同样回望了古希腊罗马时期,不是通过刻意模仿古希腊神殿,而是通过重新诠释圆柱和龛楣的理念和功能。由艺术家安托万·布德尔[1]完成的题为《阿波罗及其冥想》的三联浅浮雕为古代主题提供了另一层现代主义解读。其中可以再次找到一种对清晰的几何图形和高度简洁的兴趣,以及一种抽象化的趋势。这种精简风格和对于古典过往的影射唤起了一种纯粹感,它强烈地预示着战后时代以萨蒂《苏格拉底》为代表的作品所表现出的美学问题。《苏格拉底》是一部选用了柏拉图《对话录》片段的配乐作品,完成于战争即将结束之时。萨蒂称它是一次"向一种披着现代外观的古典式简约的回归"。1919年,斯特拉文斯基第一次听到这部作品,显然留下了深刻的印象。

在这家剧院主入口右侧,通往较小的戏剧厅的入口上方,是由布德尔完成的另一组浅浮雕。其中一幅题为《舞蹈》,刻画的是以古代男女天神样貌出现的瓦斯拉夫·尼金斯基和伊莎多拉·邓肯,他们是当时最前卫的两位舞者。它颂赞的是与青春和现代相关的一切。定义《舞蹈》的是线条的简洁和一种古典的纯粹,但是伴有一种强烈的情色意味和一种暗含的暴力。像《春之祭》一样,它是一部有

---

[1] Antoine Bourdelle(1861—1929),法国雕塑家。——译者注

《舞蹈》，由安托万·布德尔设计的浅浮雕，位于香榭丽舍剧院戏剧厅入口上方

预示意义的作品。就像在《春之祭》中，古老和现代元素交融，诱人而具悲剧色彩。设计历史学家夏洛特和蒂姆·本顿写道："[装饰艺术]风格的部分魅力，正是在于它新旧价值观之间的对峙，也在于经常隐藏在其奢华背后的脆弱和悲剧。"[1] 这种与颓废青春相关的现代主义，往往也伴随着一种忧郁的失落感，它是一种在弗朗西斯·斯科特·菲茨杰拉德"爵士时代"晚期具有里程碑意义的小说《伟大的盖茨比》（1925）中以一种令人痛心的方式所捕捉到的感觉。在两次世界大战之间那些年，令人振奋的现代性之舞（大众文化、新技术、社会进步、一种对于重新发明的迫切渴望）遮盖了战争带来的牺牲。在装饰艺术风格中，我们可以感受到这一点。

---

[1] 夏洛特·本顿，蒂姆·本顿，《风格与时代》（The Style and the Age, in *Art Deco*, ed. Benton et al., p. 13）。

对于佩雷兄弟这幢具有革新意义的现代建筑，大家反应不一，就像评论家们对于斯特拉文斯基和尼金斯基那部在其中上演的革新性芭蕾所作出的反应。确实，剧院和芭蕾在美学方面的惊人相似已经引起了广泛关注。然而，尽管这幢建筑的外观以及芭蕾的音乐和编舞都成功背离了刚过去的时代，尽管《春之祭》和这家剧院显然都将结构置于情感之上，但是二者之间还是有些重要区别。这部芭蕾方方面面的民俗主义都象征着俄罗斯芭蕾舞团的俄罗斯新民族主义所取得的胜利。相反，奥古斯特·佩雷的作品开启了一种本质上国际化的现代古典主义，它在一战之后蓬勃发展。（那个时候，它的简洁被指责不够法式，被某些法国媒体批评是"德国佬建筑""纯慕尼黑风格"。）只有在他那些受到古希腊罗马时代启发的战后作品中，我们才看到斯特拉文斯基更为广泛地接受了香榭丽舍剧院明显表现出来的美学理念。即便在《春之祭》首演的时候，少数评论家已经发现了其中某些潜在的"新古典主义"元素：雅克·里维埃[1]描写过它的"清晰、简洁、精确"，而维亚切斯拉夫·卡拉特金[2]记录了"一种朝向古典式清晰和优雅的引力"[3]。仿佛

---

1 Jacques Rivière（1886—1925），法国作家、出版人，曾任《新法兰西杂志》主编。——译者注
2 Vyacheslav Karatigin（1875—1925），俄罗斯作曲家。——译者注
3 以上评论由弗朗索瓦·勒祖尔（François Lesure）整理汇集于《伊戈尔·斯特拉文斯基,《春之祭》：媒体报道》（*Igor Stravinsky, 'Le Sacre du printemps': Dossier de presse*, Geneva, 1980）中，斯图亚特·坎贝尔（Stuart Campbell）英译并引用于《斯特拉文斯基与评论家》（Stravinsky and the Critics, in *The Cambridge Companion to Stravinsky*, ed. Jonathan Cross, Cambridge, 2003, pp. 239, 237）。

在《春之祭》中，评论家们觉察到了斯特拉文斯基作品中那个他自己尚未意识到的面向。

斯特拉文斯基后来与佩雷的另一幢建筑关系紧密，它具有更简洁的新古典主义外观。1928 年，建在巴黎高等音乐师范学院内的阿尔弗雷德·科尔托音乐厅竣工。1935 年，斯特拉文斯基配合娜迪娅·布朗热[1]担任作曲合作教授（co-professor）。这幢建筑的内饰比香榭丽舍剧院少得多，不过简单的木材和镀铜混凝土装饰仍然透出某种抒情气息。佩雷曾经写道："有生命力的建筑是那些忠实表现它所处时代的建筑。"通过拥抱古典理想，阿尔弗雷德·科尔托音乐厅的观众席实现了这一点。毫无疑问，斯特拉文斯基肯定察觉到这与他自己 1920 和 1930 年代美学立场的相似性。另一幢典型的装饰艺术风格建筑是普莱耶尔音乐厅，它由普莱耶尔公司总监古斯塔夫·利翁（Gustave Lyon）设计。这座音乐厅于 1927 年 10 月 18 日开幕，在当晚的音乐会上，斯特拉文斯基指挥演出了自己的《火鸟》组曲。斯特拉文斯基与普莱耶尔的长久关系，意味着他会定期出现在这个地方。1929 年，作为独奏家，他在这里首演了自己的《随想曲》，由安塞梅指挥。他还在布鲁诺·瓦尔特的指挥下在这座音乐厅上演他的《钢琴协奏曲》，并亲自执棒指挥《春之祭》——一部此时已经被"重新发明"成构成主

---

[1] Nadia Boulanger（1887—1979），法国音乐教育家。——译者注

义音乐会曲目的作品,为的是与它周遭的环境相协调,而不是作为一场原始的俄罗斯仪式。即便在移居美国之后,他仍不断回到这座音乐厅。最值得一提的是,他1957年在这里指挥上演了自己最严格的古典作品之一《阿贡》。有趣的是,就在他完成《缪斯领袖阿波罗》——一部他自称是"白色芭蕾"的作品——的时候,他与这座宏伟的装饰艺术建筑之间的关联是如此紧密,它简单、古典且由内到外都是白色。然而,讽刺的是,斯特拉文斯基仿佛并没有为这个场所着迷。1928年,在一封写给安塞梅的信中,他说普莱耶尔音乐厅"丑"。当然,斯特拉文斯基的作品本身也免不了得到这类评价。最广为人知的是《纽约时报》评论家奥林·唐斯(Olin Downes)的评论:斯特拉文斯基的音乐"缺乏给人以美和感受的冲动"[1]。但是,不论斯特拉文斯基自己是什么感觉,他两次战争之间那些年里大多数音乐中的现代主义都与那些让它们被人听到的新建筑之间有着密切关系。

更宽泛地来看,战后的巴黎宣称自己是西方文明之都。[2] 斯特拉文斯基不想待在其他任何地方,他走进了巴黎最不同寻常的圈子。他的通信目录展示的是一份两次战

---

[1] 奥林·唐斯,转引自马克·N. 格朗特,《文笔大师们:美国古典音乐批评史》(*Maestros of the Pen: A History of Classical Music Criticism in America*, Boston, MA, 1998),p. 269。

[2] 参见理查德·德文波特-海因斯(Richard Davenport-Hines),《美琪酒店之夜:普鲁斯特和1922年伟大的现代主义聚餐》(*A Night at the Majestic: Proust and the Great Modernist Dinner Party of 1922*, London, 2006),尤其是第七章。

争之间那些年里最重要的艺术人士名单,涵盖了从布拉克[1]到马蒂斯,再到普朗克和瓦莱里等人。这座城市里最杰出的艺术人士之间的一次特别碰面几乎染上了传奇色彩。1922年5月18日,俄罗斯芭蕾舞团在巴黎歌剧院首演《狐狸》散场后,斯特拉文斯基在克莱贝尔大道富丽堂皇的美琪酒店与普鲁斯特、乔伊斯、毕加索和佳吉列夫共进晚餐。东道主是富有的英国作家悉尼·希夫(Sydney Schiff)和他的妻子维奥莱特(Violet)。理查德·达文波特-海因斯甚至声称,这次聚会代表了欧洲现代主义的顶点,也是巴黎作为文化之都的决定性时刻之一。1922年,斯特拉文斯基与跟他同席的那些人"在巴黎文化艺术圈人士眼里,比政治家和制造商重要得多"[2]。如其他类似聚会一样,这一事件的发生本身,很可能比宾客间交流的观点意义更重大。这些极度自我的人之间几乎不可能轻易互动,更不要说把酒言欢了。普鲁斯特显然向斯特拉文斯基表达了他对晚期贝多芬的赞美,据说斯特拉文斯基回敬道:"我讨厌贝多芬。"但是,这场晚宴象征着巴黎作为1920年代新艺术熔炉的地位,旷古绝今。

自从1913年《春之祭》的巴黎震撼首演,以及次年《夜

---

1 Georges Braque(1882—1963),法国画家,立体主义大师。——译者注
2 理查德·德文波特-海因斯(Richard Davenport-Hines),《美琪酒店之夜:普鲁斯特和1922年伟大的现代主义聚餐》,p. 6。

1928年，伊戈尔和凯瑟琳·斯特拉文斯基

莺》在巴黎歌剧院反响平平之后，斯特拉文斯基及其音乐在巴黎舞台上几乎消失不见。战争期间流亡瑞士时的经济困境，外加俄罗斯芭蕾舞团活动的中断，使他不得不将目光转向一些更小的项目。近三年的时间里，他没有再涉足巴黎。但是，1920年5月15日，他再次登上了巴黎歌剧院

的舞台，凭借俄罗斯芭蕾舞团首演的《普尔钦奈拉》重新回到了大众视野。这部作品由安塞梅指挥，脚本和编舞由马西涅完成，而毕加索则负责舞台设计。公众和评论家都爱上了这部作品。在发表于首演当天的一篇访谈中，斯特拉文斯基宣称它代表了"一种新的音乐"。四十年后，在与克拉夫特的对谈中，斯特拉文斯基表示，评论家没有理解这部作品，声称他曾经"因为舍弃现代主义而受到责难"，被指责以一种亵渎的方式处理了音乐原型。但是，《普尔钦奈拉》实际上受到了普遍好评：绝大多数评论家意识到现代主义适合战后被改变了的世界，这是一种向新的简约性倾斜的转变。简言之，《普尔钦奈拉》被认为够"潮"。它富有喜剧性，青春四溢，博采众长，幽默讽刺，随处可见新奇之处，伴有简单的旋律，充满活力的节奏，也展示出一种回应了战后秩序回归的现代化古典音乐。通过采用一种同时回望过去又展望未来的方式，它恰如其分地响应了装饰艺术美学。

创作《普尔钦奈拉》的灵感源自佳吉列夫。他曾经与马西涅同游意大利南部，偶然遇到了意大利即兴喜剧木偶戏，当时就有了创作这部芭蕾舞剧的想法。当时，佳吉列夫想做的不过是改编由 18 世纪意大利作曲家乔瓦尼·巴斯蒂塔·佩尔戈莱西（Giovanni Battista Pergolesi）创作的一些音乐（尽管事实表明，这些音乐不仅是由佩尔戈莱西创作，他的许多同时代作曲家也有参与）。曼努埃尔·德·法雅曾经是他心目中进行改编工作的首要人选，但是法雅当时在忙于其他项目。佳吉列夫转而找到了面对提议不知所措的斯特拉文斯基。佳吉列夫说服他至少翻看一下自己在那不勒斯和不列颠博物馆亲自誊抄的音乐,斯特拉文斯基看后马上就被迷住了。他后来回忆说:"我看了一眼,马上就喜欢上了。"他当即开始了相关工作。

首演时,《普尔钦奈拉》被简单地宣传为"佩尔戈莱西作曲,伊戈尔·斯特拉文斯基改编和配器"。然而,斯特拉文斯基后来被更直接地认为是作曲家,而非改编者。部分原因是以这部作品的音乐为基础,他写作了千差万别的音乐会组曲。尽管他随后声称"《普尔钦奈拉》非比寻常的地方,不在于它增加或是改变了多少,而在于它几乎没有增加或改变",但其中的改变足够重要,到了能够明白无误地将这部作品的音乐变成某种属于它所处时代的东西的程度。斯特拉文斯基一开始直接在佳吉列夫给他的乐谱抄本上工作,为佩尔戈莱西的咏叹调旋律和低音线、加洛[1]的三重奏鸣曲乐章、瓦森纳[2]的一首塔兰泰拉舞曲作了些小小的标记。有些时候,最后的成品不过是斯特拉文斯基在以自己的方式展示原作。即便佩尔戈莱西音乐中的每个音符依然还在,但是没有人会将"快速且有生气的"(Vivo)部分中诙谐的长号和低音提琴旋律认成斯特拉文斯基音乐之外的

---

[1] Domenico Gallo(约 1730—约 1775),意大利巴洛克时代作曲家。——译者注
[2] Unico Wilhelm van Wassenaer(1692—1766),巴洛克时代尼德兰作曲家。——译者注

东西。其中巧妙的和声运用，时代错误的持续音和弱拍重音都显露出改编者的个性，但是它仍然是对于佩尔戈莱西充满爱意——尽管幽默——的致敬。例如，在"小夜曲"（Serenata）中，他加入了一种没有变化的持续音，拒绝让音乐向前推进，由此产生的不协和音赋予音乐一种倦怠、忧郁的氛围。"终曲"（Finale）完全是重新谱成，重复着一些小节，移动一些小节的位置，加入新的和弦并转移重拍，最终呈现的是一种完全斯特拉文斯基式的强节奏感音乐。而且可以说，它的俄罗斯气质和意大利精神不相上下。

尽管斯特拉文斯基保留了俄罗斯风格，但《普尔钦奈拉》代表了他朝向西方的决定性转变。他深知这一点。后来，他将《普尔钦奈拉》描述成"一次让我所有晚期作品变得可能的顿悟。当然，它在回望过去，是朝向那个方向的多次热情探索的开始，但是它也是一次自我审视"。由于《普尔钦奈拉》明显依赖过去时代的音乐，它代表了斯特拉文斯基艺术发展过程中的一个关键时刻。就像一战后，毕加索感到有必要寻求与他曾经为向前发展而拒绝的传统艺术形式之间的和解，同样，《普尔钦奈拉》向斯特拉文斯基展示了以更新他的个人音乐语言为目标而融合各种早期音乐的可能性。在接下来的几十年，哪里能找到素材，他就会从哪里取材：蒙特威尔第、巴赫、莫扎特、贝多芬、威尔第、格林卡、柴可夫斯基、爵士。他形容自己患了"一种罕见的盗窃癖"。但是，至关重要的不是材料本身，而是他对材料的态度。他将触及的一切都变成了自己的东西。正是在这层意义上,阿萨菲耶夫明确地将斯特拉文斯基比作"俄罗斯音乐领域的普希金"。像装饰艺术不拘一格的影射一样,在斯特拉文斯基的音乐中,过去的元素被重新整理,并且以一种独特的方式被用于现代目的,它"顺从于当代生活的速度和节奏"。[1]

然而,在斯特拉文斯基迅速变身时髦的世界主义作曲家,说着现代西方音乐的国际化语言时,这些借用却说明了另一件事。作为一位以这种方式直面佩尔戈莱西的俄罗斯人,他不得不直面自己流亡的现实。通过移位和错位,《普尔钦奈拉》呈现出强烈的反讽意味。斯特拉文斯基越靠近西方古典主义风格,与它之间的距离感就变得越强烈。"终曲"的碎片化就是一种迹象,它拒绝了音乐素材的传统叙述方式。就像毕加索制作的初版服装,斯特拉文斯基把佩尔戈莱西、加洛和其他人的音乐当成了面具戴着。小说家兼作家米兰·昆德拉自己是一个长期流亡在他的祖国捷克斯洛伐克共产主义政权之外的人,他非常理解斯特拉文斯基与西方传统之间发展出的这种关系:

> 毫无疑问,斯特拉文斯基像其他所有人一样,承受着移居外国带来的创伤;毫无疑问,如果能够待在他出生的地方,

---

[1] 鲍里斯·阿萨菲耶夫,《斯特拉文斯基专论》,p.6。

他的艺术发展会走上一条截然不同的道路。事实上,他探索音乐历史旅程的开端,与祖国于他而言不复存在的那一刻大致吻合;在意识到没有任何国家可以取代它之后,他在音乐中找到了唯一的故乡;这不仅仅是一种美好的诗意化构想,我以一种绝对具体的方式思考过这个问题:他唯一的家乡是音乐,所有音乐家的所有音乐,音乐的完整历史;他决定在那里扎根、立足、生活;他最终在那里找到了自己唯一的同胞,唯一的亲密伙伴,唯一的邻居——从佩罗坦[1]到韦伯恩[2];正是跟他们一起,他发起了一场旷日持久的对话,直至他去世才结束……

诋毁他的人捍卫的是作为情感表达的音乐,他们对他那令人无法承受的、谨小慎微的"情感活动"感到恼火,还指责他"内心贫乏"。他们自身没有足够的勇气去理解他在音乐史中的流浪背后所隐藏的情感创伤。[3]

当彼得大帝决定在俄罗斯西北部的沼泽地重新为全新的王朝建造一座新城市的时候,他引进了许多意大利人,包括来自那不勒斯的卡洛·罗西(Carlo Rossi),这位建筑师为这个以彼得大帝名字命名的地方建造了许多美丽的古典建筑。在严峻的战争年代之后,当伊戈尔·斯特拉文斯

---

[1] Pérotin, 12、13世纪之交欧洲作曲家,巴黎圣母院乐派代表人物。——译者注
[2] Anton von Webern(1883—1945),奥地利作曲家。——译者注
[3] 米兰·昆德拉,《纪念斯特拉文斯基的即席之作》,见《被背叛的遗嘱》。

基决心重新出发，为一个全新的时代选用一种新的音乐风格之时，他在乔瓦尼·巴斯蒂塔·佩尔戈莱西（他的影响曾在那不勒斯如日中天）等意大利人那里，找到了自己美妙古典主义音乐的源泉。尽管把斯特拉文斯基的童年相关生平和他流亡阶段的作曲工作简单关联是愚蠢之举，但是仍然让人忍不住作出这样的猜想。正如昆德拉诗意地表明，在斯特拉文斯基青少年时期那个被欧洲化了的俄罗斯，可以找到他以时尚的名义通过欧洲古典主义流浪的源头。

数十年里，评论家们将《普尔钦奈拉》看作斯特拉文斯基新古典主义风格开始的标志。新古典主义贯穿了斯特拉文斯基整整三十年的作品，如今看来，依旧如此。然而，这个术语涵盖了如此广泛的音乐和观念，以致它的解释力似乎有限。它往往被用来指一种回望、甚至是拼仿 18 世纪音乐，即一项所谓"回到巴赫"的运动。但是，这样一种描述在最好的情况下也只与斯特拉文斯基在 1920 年至 1950 年之间创作的五十多部作品中的一小部分相关。拼仿也不过是偶尔作出的尝试，《玛芙拉》（1922）和《仙女的吻》（1928）显然是两个例子，而且其中不乏批判性。另一方面，如果新古典主义的概念被更宽泛地理解为拥抱折衷主义，以及一种装饰艺术的方式重新思考古典时代，那这就更接近斯特拉文斯基两次战争之间某些创作活动的精神。然而，《普尔钦奈拉》中音乐"现成物"的借用和重构已经是他战前作品的一个面向，其中最重要的是《彼得鲁什卡》，他1950年之后的音乐仍然保留了这些特征。因此，即使在这层意义上，"新古典主义"这一术语充其量只能粗鲁地定义一种风格，一种实践，甚至一个时期。

事实上，"新古典主义"一词直到1923年才被用于斯特拉文斯基的音乐，它出现在俄罗斯移民、评论家鲍里斯·德·施勒策（Boris de Schloezer）的一篇评论中，回应的是一部乍听与《普尔钦奈拉》截然不同的作品——《管乐交响曲》。斯科特·梅辛（Scott Messing）对于音乐中"新古典主义"这一术语的历史进行过详细探究，揭示了施勒策如何改变了新古典主义的含义：从此前与19世纪晚期德国器乐音乐相关的负面关联，转向巴黎战后反浪漫主义先锋乐派所拥护的进一步简洁和客观。这一点在施勒策的评论中非常清楚，他将斯特拉文斯基的音乐展示为条顿民族表现主义美学的对立面。"斯特拉文斯基是音乐家里最反瓦格纳主义的人；他提出了有史以来对'特里斯坦'最强有力的反抗。"因此，《管乐交响曲》中的新古典主义感觉，与直接影射较早时期的音乐没有关系（一点都没有），而与它相对简洁、客观和纯粹紧密相关。

> 这部让人感到轻松的作品不过是一个声响系统，声响一个接着一个出现，并且根据纯粹的音乐关系进行组合……情绪、感觉、欲望、抱负——这些是他作品避开的方面。尽管如此，斯特拉文斯基的艺术却具有强烈的表现力；他深深地

打动着我们,他的感知从未被公式化;然而,其中有一种特定的情绪,一种音乐艺术形式自身的情绪;但是,通过力量和完美,它始终保持着优雅的姿态。

在勋伯格的新浪漫主义面前,斯特拉文斯基重建了古老的古典传统,即前贝多芬传统。[1]

在这个语境中,我们完全能够看到《管乐交响曲》的新颖结构是如何与佩雷及其装饰艺术同时代人作品中重新发明的古典风格如出一辙。

《普尔钦奈拉》是斯特拉文斯基在莫尔日写作的最后一部作品。斯特拉文斯基一家在1920年夏天搬到了布列塔尼的卡朗泰克(Carantec),这标志着他在法国(他的"第二祖国")长期旅居的开始,他也是在那里开始了《管乐交响曲》的创作。这部作品在加尔什魅力四射的新艺术(Art Nouveau)环境中完成。令人着迷的是,《普尔钦奈拉》和《管乐交响曲》——两部听起来截然不同的作品——在斯特拉文斯基生命的这个重要转折点先后完成。它们向我们展示了一枚战后新斯特拉文斯基硬币的两面。毫无疑问,《普尔钦奈拉》很时髦,但用斯特拉文斯基自己的话说,《管乐交响曲》"完全没有确保能吸引普通听众的元素……无意

---

[1] 转引自斯科特·梅辛,《音乐中的新古典主义:自概念的诞生至勋伯格与斯特拉文斯基之争》(*Neoclassicism in Music: From the Genesis of the Concept through the Schoenberg/Stravinsky Polemic*, Rochester, NY, 1988), p. 130。

'取悦'观众"。这是典型的斯特拉文斯基式马后炮,他在为这部作品 1921 年在伦敦不尽人意的首演找借口。在谢尔盖·库塞维茨基(Sergey Koussevitzky)的指挥下,它引发了阵阵笑声和嘘声。然而,不可否认的是,《管乐交响曲》是一部严肃的作品,一场简素的仪式,背离了纪念克洛德·德彪西的初衷。

《管乐交响曲》一开始是一部受托为纪念德彪西而作的非常简单的以和弦为基础的钢琴作品,完成于 1920 年 6 月某一天,与其他悼念小曲一起出现在《音乐评论》(La Revue musicale)的纪念特刊中。它具有通常可能出现在一部宗教作品结尾的众赞歌特点:低音线条绕着自己转,最终停在低音 C 上,斯特拉文斯基在其上方构建了一个音符处在美妙距离的和弦,它的响声似乎飘向永恒。虽然听起来是终点,但重叠的 C 大三和弦和 G 大三和弦也赋予这部作品最后一个和弦一种奇怪、悬而未决的忧郁基调。这样一种具有收束姿态的器乐众赞歌后来成为斯特拉文斯基音乐的一种常规特征,一直延续到他最后一部重要作品《安魂圣歌》(Requiem Canticles),而且它已经在结束《火鸟》的宏伟和弦中有了苗头(后来被斯特拉文斯基重新命名为"圣歌")。所以,当斯特拉文斯基决定将这一素材融入一部更大型的管乐作品时,它不可避免地形成了这部作品的结尾,而且他需要根据它从后向前进行创作,在进行的过程中剪切和粘贴乐思,仿佛创作一幅立体主义拼贴画。例如，正如他向克拉夫特解释的那样，在完成初稿几天后，"两个众赞歌片段［被添加］到这部作品的主体部分"，为了给人这样一种印象，即众赞歌在某种程度上与这部作品的其他部分关联紧密。或许是由不同寻常的环境引发的结果，这部作品从形式上来讲是斯特拉文斯基创作的最具创意的作品，而且它一直是 20 世纪上半叶最激进且最具影响力的音乐作品结构之一。

《管乐交响曲》马赛克式样的结构有其先例，最明显的是《彼得鲁什卡》的开头场景，但斯特拉文斯基在这部作品中将对比强烈的音块并置和非连续性重复推向了极致。作为一个与《彼得鲁什卡》截然不同的例子，这些音块组织没有直接被用于呈现任何明确的场景或情节。用施勒策的话来说，它看上去像是完全"抽象"的音乐，一个"声响系统"。在它非有机性的创作方式中，在它非发展性的、反交响乐化结构中（尽管"交响曲"的标题指的不过是"一起发声"），而且甚至在表现力缺席的情况下，它清楚地表明了自己的反浪漫主义姿态。因为这部作品颂扬的是非连续性而不是连接性，对于后世作曲家来说，它已经成为一个特定抽象现代主义流派范例。

因此，尽管影射其他时代和传统的音乐和实践构成了斯特拉文斯基新古典主义的重要组成部分，但它不仅仅涉及简单地借用过去时代的素材。斯特拉文斯基的新古典主义也不像评论家所认为的那样，代表他抛弃了现代主义。

(1920 年代，勋伯格嘲笑斯特拉文斯基不过是"小'摩登斯基'"；1940 年代，勋伯格的拥护者阿多诺批判斯特拉文斯基"回归调性"。）事实上，尽管两位作曲家都不愿意承认，但斯特拉文斯基 1920 年代所作音乐的客观化、形式化和距离化过程，更接近勋伯格十二音音乐中的类似趋势。从勋伯格在当代被认为是"新古典主义者"来看，这一点很清楚。

精确、简洁、清晰、秩序、优雅——这些都是定义斯特拉文斯基新古典主义风格的特征。斯特拉文斯基选择通过古典的过去来构建和诠释他眼中的当代世界，即通过一种理想化的视角看待古典和 17、18 世纪的音乐。这样一来，斯特拉文斯基的新古典主义音乐就欢欣鼓舞地拥抱了巴黎的装饰艺术美学。正如戴维斯所说，"在现代主义旗帜下，作曲和高定时装碰撞交融"。[1] 但同样地，斯特拉文斯基的新古典主义音乐能够通过各种形式表现出一种更为深刻的失落感，以及一种与正在被拥抱的过去之间的距离感。无论是《管乐交响曲》中哀婉的众赞歌，还是《普尔钦奈拉》"终曲"中支离破碎的加洛音乐，都以不同的方式表现了无家可归和流亡。斯特拉文斯基的新古典主义音乐表现的是陌生化这一现代主义的标志性特征。

然而，在施勒策的结构主义解读之外，解读《管乐交响

---

[1] 玛丽·E. 戴维斯，《香奈儿、斯特拉文斯基和音乐潮流》，p. 452。

曲》还有其他方式。许多早期评论家都注意到了其旋律素材的俄罗斯性。斯特拉文斯基在《自传》中对这种"严肃仪式"的描述,即"短小连祷文""坎蒂莱纳""仪式性对话""柔和的吟诵[唱诗般]",暗示了一种宗教基础,符合这部作品作为悼念曲的初衷。塔拉斯金已经表明,这部作品的结构是如何令人信服地映射了追悼会(panikhida)或东正教荐亡仪式——由开场的"哈利路亚"、仪式朗诵和赞美诗构成。此外,对于塔拉斯金来说,《管乐交响曲》是斯特拉文斯基碎片化(drobnost')的顶点——他挪用了这个俄语词来表明这种音乐形式的"碎片"方面所固有的俄罗斯性。因此,《管乐交响曲》是一部处于转折点的作品,与它差不多同时代的《普尔钦奈拉》一样,也是一次顿悟。它坚决地朝向未来,但是它碎片化的现代主义表象却呼应着一种俄罗斯式的过去。这种矛盾表现在这部音乐作品强烈的忧郁气质中。认为《管乐交响曲》中的挽歌不只是为斯特拉文斯基的好友德彪西奏响,也是为他自己,为他失去的俄罗斯鸣奏,或许不算言过其实?

6. 荣耀归于神

法国尼斯，1925年10月11日。斯特拉文斯基坐在桌旁给诗人、剧作家、艺术家兼电影导演、他的朋友兼邻居让·科克托写信。他以"我亲爱的让"开头：

> 如今已经有些时日，我脑中一直萦绕着创作一部拉丁文歌剧的想法。它以一个源自古代世界的悲剧主题为基础，每个人都熟悉它。正如我那天向你提议的那样，我想要把这部作品的文字工作委托给你。它的脚本和舞台布景将通过我们的紧密合作变成现实。

随后，以一种典型的方式，在这部作品连一个词一个音都还没有的时候，他就提出了版权分配的问题，只是为了确保，一旦这个项目失败，科克托不会对这个创意的所有权提出任何异议。斯特拉文斯基从来都不是一个让友谊成为金钱路上绊脚石的人。

他说，他要的脚本必须完全索然无味，它的目标听众是一大群对于所呈现内容一无所知的人。相反，他们只会看见舞台上的动作。到了 10 月 28 日，科克托已经完成了第一稿，但并不合斯特拉文斯基的心意。斯特拉文斯基见到科克托时说："这不是索然无味，这是瓦格纳式。我需要一个简单得多的脚本，一个适合每个人的脚本。没有人能够理解瓦格纳式的脚本，连瓦格纳都不能。"科克托回答说："不用担心，我会另写一稿。"他开始着手创作第二稿，并将它寄给了斯特拉文斯基。斯特拉文斯基告诉科克托："这仍然是瓦格纳式。"科克托咬着牙接受了批评。他说：

1925 年，汝安雷潘。让·科克托、巴勃罗·毕加索、伊戈尔·斯特拉文斯基和奥尔加·毕加索（Olga Picasso）。

"亲爱的，与你合作，真是一件乐事！我会写好第三稿。"他也照做了。这一次的稿子让斯特拉文斯基非常满意，因为它更像是为一部意大利歌剧而写的脚本。斯特拉文斯基笑着说："这就是我需要的！"

斯特拉文斯基和科克托之间的友谊，可以追溯至二人与俄罗斯芭蕾舞团交往早年，但是这段友谊在科克托1918年发表《公鸡与斑衣丑》后触了礁。正是他的这一法国民族主义宣言，将俄罗斯和德国音乐拒之门外，把斯特拉文斯基与瓦格纳和德彪西一并看作"一流的八爪鱼"，还提出将萨蒂的简约性，即他的"日常生活音乐"，当作未来音乐的模板。多亏科克托在1922年一期《名利场》（*Vanity Fair*）上为《玛芙拉》积极辩护，二人最终达成和解。这部简短谐歌剧的脚本由鲍里斯·科奇诺（Boris Kochno）根据普希金的故事"科洛姆纳的小房子"完成，题献是"纪念普希金、格林卡和柴可夫斯基"。它在巴黎歌剧院的舞台首演并没有受到好评。奥托·卡恩（Otto Kahn）是一位富裕的德裔美籍艺术赞助人，他本计划带领俄罗斯芭蕾舞团前往美国。斯特拉文斯基后来回忆起他的严厉评论："我什么都喜欢，就是'啪'的一声，它结束得太快了。"评论家大多谴责的是它明显的风格转变，它的拼仿和无趣的音乐玩笑。然而，对于科克托、萨蒂和那群受他们启发号称"六人团"的作曲家（包括米约和普朗克）来说，它代表了一种朝向反浪漫主义阵营的明确转向，许多战后巴黎年轻人如今都属于这一阵营。1922 年 8 月,斯特拉文斯基告诉安塞梅:"科克托经常给我写信,如今我们是朋友。"12 月,他在巴黎阿特里耶剧院参加了科克托版本的索福克勒斯《安提戈涅》(*Antigone*)首演,它的音乐由阿图尔·奥涅格完成,毕加索负责舞台布景,而香奈儿则负责服装。它给斯特拉文斯基留下了深刻的印象。1925 年 9 月,科克托为斯特拉文斯基朗读自己的悲喜剧《俄耳甫斯》(*Orphée*),给他留下了深刻的印象,以致不到一个月,他们就开始在一起创作《俄狄浦斯王》(*Oedipus Rex*)。

> 女士们、先生们,你们将要听到一个拉丁语版本的俄狄浦斯王。这个版本是一部歌剧-清唱剧,它以索福克勒斯的悲剧为基础,但只保留了它不同场景中的丰碑性(monumental)特质。因此(为了减轻你耳朵和记忆的负担),我会在演出过程中回顾这个故事。

这些是"序幕"一开始的文字,由旁白者使用科克托写作的法语陈述(如果观众主要是讲法语的人),或是恰当地翻译成观众所在地的其他语言,例如 E. E. 卡明斯(E. E. Cummings)的英文版。斯特拉文斯基告诉我们,它的文本需要用一种超然的声音来传递,"采用讲解员一样的语调"。这一类旁白者角色在斯特拉文斯基的作品中并不新鲜,他已经在《士兵的故事》中出现过。在这里,这个角

1952年，斯特拉文斯基和科克托为《俄狄浦斯王》的成功欢呼

色实现了斯特拉文斯基和科克托非常渴望他们的"静物"能呈现的丰碑性——一部形式化，风格化作品，就像亨德尔的歌剧和清唱剧一样，完全不像瓦格纳的乐剧。观众目睹的不是俄狄浦斯的悲剧，而是在回顾俄狄浦斯的故事。旁白者一角在故事真正发生之前会告知观众即将发生的事情。他站在戏剧之外，为故事提供了一个框架，就像《狐狸》开始和结束的音乐一样。显然，这是为了让观众知道，自己正在体验的是一出戏剧，而且与它保持着距离。它不是真实的生活。

无论如何，在 20 世纪的法国，人们在真实的生活中一般不使用拉丁语，而它是《俄狄浦斯王》中独唱和合唱团演唱使用的语言。斯特拉文斯基给科克托的信中明确表示，自开始构思这部作品起，拉丁语就是它的一部分。科克托的法语文本由索邦大学一位名叫让·达尼埃卢（Jean Daniélou）的神学学生（他最后成了枢机主教）翻译成拉丁文。对于索福克勒斯来说，古希腊语原本更为贴切，但是斯特拉文斯基希望选用一门对观众来说相对熟悉的语言，理由是拉丁语依旧被用于以天主教堂为主的各种宗教场合。他后来评论说："拉丁语是一种没有死去，但是僵化了的语言。"拉丁语的使用既仪式化了戏剧，又让观众与它有了距离感。由于拉丁语不再是日常交流的一部分，这也意味着斯特拉文斯基可以将文本仅仅看作语音素材，自由摆弄，仿佛它们不过是又一些胡诌诗，从而分离了音乐和文本，以及音乐和意义，并进一步强化距离感。开场合唱唱出的"俄狄浦斯"名字的重音变化就是一例。严厉批判这部作品的评论家们没能理解斯特拉文斯基所行之事，也没有听出这种做法给音乐带来的节奏动能。

1927 年 5 月 30 日，《俄狄浦斯王》在巴黎首演。虽然这是一场音乐会演出，但是科克托和斯特拉文斯基一直在计划这部作品的舞台演出（9 个月后，它将在维也纳上演），它的布景、服装和表演风格都将进一步强化这部戏剧的风格化。一切都是刻意为之，角色们会戴上面具，只移动他们的手臂和头部，给人一种活雕像的印象。一开始的想法是，合唱团被安排"藏在［表现褶皱帷幔的］浅浮雕后面"，只露出歌唱者们面部。旁白者一角原本应身着晚礼服，充当舞台和观众之间的中间人。所有这一切都与20世纪头几十年流传于剧院的反现实主义理念如出一辙，科克托当然熟悉。俄罗斯导演弗谢沃洛德·梅耶荷德与面具、木偶和哑剧的相关工作有类似之处。贝托尔特·布莱希特的工作也与之相关，他的"史诗剧场"理论当时正本着魏玛共和国的新客观主义（*Neue Sachlichkeit*）精神不断发展，旨在通过间离的方式，让观众保持在一定距离。俄罗斯电影导演谢尔盖·爱森斯坦的工作有相似之处，他曾是梅耶荷德的舞台设计师，因1920年代晚期作品《战舰波将金号》（1925）和《十月》（1928）而崭露头角，他和布莱希特一样相信艺术应该具有教化意义，也应该激发观众行动。由安托南·阿尔托发展而来的"残酷戏剧"也不乏相似之处，它同样拒绝现实主义叙事。斯特拉文斯基后来谈论《俄狄浦斯王》时说："我的观众对剧中个人的命运并不冷漠，但我认为他们更关心有此命运的人物本身，而且只有音乐才能对此进行刻画。"换句话说，因为这个"普世"的故事广为人知，也因为它以一种丰碑式的方式被呈现，观众的注意力会集中在**音乐**的戏剧性上。

《俄狄浦斯王》也再次被拿来与斯特拉文斯基和科克托所在的装饰艺术世界作比较，而装饰艺术在1925年巴黎博览会之后产生了最为广泛的影响。装饰艺术建筑成就的丰碑性，在《俄狄浦斯王》中找到了对应之处。就像装饰艺术建筑为了颂扬现代世界而借鉴古希腊罗马风格，而且仅保留了它们的基本要素，《俄狄浦斯王》取用了一个由一位古希腊作家讲述的希腊神话，为一个战后时代重新诠释了这个悲剧。斯特拉文斯基的音乐借用对于这部作品的表达方式而言至关重要。这是他迄今最折衷的作品之一，被他描述为"美而兹艺术"（Merzbild），这是一个挪用自达达主义艺术家库尔特·施维特斯（Kurt Schwitters）的词，表示的是一种用废弃日常物品组成的拼贴。不同风格的并置进一步强化了这部作品呈现的疏离和距离感。按照清唱剧传统，亨德尔（通过格鲁克）可见于开头参与并评论戏剧的合唱。克瑞翁的咏叹调借鉴了亨德尔的作曲手法，让音乐更具丰碑性。其中，最简单的"日常"音乐材料，即下行 C 大调琶音，采用的断然不是一种亨德尔式风格。伊俄卡斯忒第二幕的宣叙调和咏叹调充分吸收了威尔第的风格，却是有一定距离感的威尔第，它借用了威尔第式的歌剧丰碑性，我们是在透过一块斯特拉文斯基棱镜看威尔第。俄狄浦斯在第一幕的登场曲目，即"百姓们，我会救你们于瘟疫"，也带有一些 19 世纪美声唱法的痕迹。虽然它的吟诵特质与俄罗斯东正教圣咏有相似之处，但是木管伴奏模仿了一种巴洛克附点音型。俄狄浦斯和伊俄卡斯忒并非不露情绪，而是透过音乐刻画的他们让观众始终处在疏离状态。

如果无关情节或情绪，那么《俄狄浦斯王》究竟与什么"有关"？这部作品刚完成不久，鲍里斯·阿萨菲耶夫声称："《俄狄浦斯王》的音乐应时，它强烈召唤被当代欧洲文明所蔑视的人性和人文主义思想。"[1] 另一些人则在先于这部作品的戏剧性仪式（尤其是《春之祭》、《婚礼》和《士兵的故事》）语境中，探讨了其中对于人类命运主题的处理。但是，这种命运着实危险，它的发展不可抗拒，且进程无法改变。在科克托后来根据俄狄浦斯的故事改编而成的一部戏中，即1934年在香榭丽舍剧院首演的《地狱机器》（*La Machine infernale*），这一点很清楚。《俄狄浦斯王》的结局可能没有《春之祭》结尾那种明显的暴力，但是观众依旧无力干涉，被卷进了"地狱机器"——结束整部作品的固定音型（"命运"动机），无休无止，不断重复。

因此，将《俄狄浦斯王》看作一部宗教作品，可能会令人感到惊讶。这部作品最初的灵感源自火车站书报摊上偶然发现的圣方济各生平。1926年7月，在创作这部清唱剧的过程中，斯特拉文斯基停了下来，转而创作他的第一部宗教作品，即为斯拉夫语版的《主祷文》"Otche nash"（我们在天上的父）写配乐，以作礼拜仪式之用。1926年4月6日，他从尼斯写信给佳吉列夫：

---

[1] 鲍里斯·阿萨菲耶夫，《斯特拉文斯基专论》，p. 264。

> 我已经有二十年没领受圣餐了。由于一种极端的精神需求，我如今要开始领受圣餐。在接下来的日子里，我会去告解，而且在告解之前，我想尽可能地请求每一个人的原谅。我也请求你，亲爱的谢尔盖……原谅我过去这些年还未在上帝面前忏悔的过错……

生活在尼斯一个庞大的流亡人士社区，距离俄罗斯正教教堂只有一石之遥，外加饱受困扰的凯瑟琳日渐从信仰中寻求慰藉，斯特拉文斯基此时的精神回归也许并不那么出人意料。东正教会相关物品和日常（十字架、圣像、圣徒纪念日）一直是他生活的一部分。他所寻求的宽恕可能部分源自出轨薇拉所带来的愧疚感。但是，科克托的影响也至关重要。科克托在 1925 年重新接受了天主教圣礼，那是受到了新托马斯主义哲学家兼天主教大学教授雅克·马利坦（Jacques Maritain）的影响。马利坦 1919 年的《艺术与经院哲学》（*Art et scolastique*）赞许地引用了《公鸡与斑衣丑》，这直接促使科克托完成了《致雅克·马利坦的信》（*Lettre à Jacques Maritain*, 1926），他在信中无耻地自我辩护，重塑自己的公共形象，令斯特拉文斯基在这方面的苦心经营都显得黯然失色。在《艺术与经院哲学》中，马利坦提出回归艺术家作为匠人的中世纪理念，这与战后法国新的审美倾向如出一辙。工艺、规则和形式观念占据了主导地位。这是对神圣秩序的呼唤，或者用科克托 1926 年出版的另一部作品标题来说——《呼唤秩序》(*Le Rappel à l'ordre*)。艺术应该自律，为艺术而艺术。有趣的是，这远远地响应了"艺术世界"的战斗口号。古典艺术被提升到了最高水准。艺术通向一切美好，因此通往灵魂。

马利坦的现代艺术宣言建立在对前浪漫主义时代的怀旧之情上，这显然让斯特拉文斯基产生了强烈共鸣。虽然二人直到1926年才在薇拉和阿蒂尔·卢里耶（Arthur Lourié）的陪伴下见面，但是他在1920年代初就已经读过马利坦的著作。俄罗斯流亡作曲家卢里耶是传达这些理念的重要渠道，他是斯特拉文斯基1925年至1930年间的助理兼官方发言人。另一位俄罗斯流亡者也扮演着这种角色，他就是皮埃尔·苏夫钦斯基（Pierre Souvtchinksy），即彼得·苏夫钦斯基（Pyotr Suvchinsky）。1922年，斯特拉文斯基在柏林第一次见到他，也是他将新兴的"欧亚主义"意识形态与斯特拉文斯基的音乐关联了起来。他认为，斯特拉文斯基的音乐超越了（人类）主观时间经验，目的是为了达到一个更"真实的"精神境界。他很可能脑子里想的是《俄狄浦斯王》的结局。1927年，卢里耶发表了一篇关于《俄狄浦斯王》的文章，确实受到苏夫钦斯基的强烈影响，也响应了新托马斯主义的美学立场："《俄狄浦斯王》的意义在于对真理和纯粹的赤裸表现，为了这种表现，一切都可以被牺牲。"尽管这些观点已经能在斯特拉文斯基1924年关于《八重奏》(*Octet*)的文章中见到，它们也贯穿于他那本由努韦尔代笔并在 1935 年首次以法文出版的《自传》中，也是由罗兰-曼努埃尔（Roland-Manuel）、即罗兰·亚历克西斯·曼努埃尔·莱维（Roland Alexis Manuel Levy）代笔，但深受苏夫金斯基思想的影响的《音乐诗学》（*Poetics of Music*）的基础。

> 我的《八重奏》不是一部"表现情感的"作品，而是一部基于一些客观元素但本身自足的作品。（《关于我的〈木管八重奏〉的一些想法》）

> 音乐，就其本质而言，根本没有力量表现任何东西……（《自传》）

> 雅克·马利坦提醒我们，在中世纪文明强有力的结构中，艺术家仅处在工匠级别……在我们期待音乐表达感情，诠释戏剧情境，甚至模仿自然的时候，我们实际上难道不是在期待音乐完成不可能的事情吗？（《音乐诗学》）

卢里耶第一篇关于斯特拉文斯基的文章发表于 1925 年，它简短地探讨了《钢琴奏鸣曲》（1924）。文章赞扬了这部作品与在斯克里亚宾和德彪西手中发展到颓废顶峰的浪漫主义奏鸣曲之间的决裂。在"回到巴赫"方面，斯特拉文斯基再一次将客观音乐形式和工艺原则置于首要位置。巴赫原型在这部作品中不容忽视,他被同时当作工艺和纯粹的象征。对于斯特拉文斯基《俄狄浦斯王》之后的作品《阿波罗》(*Apollo*)来讲,纯粹也是它的核心特征。在评论这部作品时,鲍里斯·德·施勒策提及它的"宁静"和"纯粹",以及这些词语染上的宗教色彩——实际上,程度之深以致他贸然预言斯特拉文斯基的下一部作品会是一部弥撒。

直到1948年,斯特拉文斯基才写作他的《弥撒》。但是,《阿波罗》之后的那部重大作品采用了人声,或许算得上是一部弥撒。正如乐谱扉页标示,《诗篇交响曲》是为"上帝的荣耀"而作。它是由谢尔盖·库谢维茨基(Sergey Koussevitsky)为波士顿交响乐团五十周年团庆而委约的一部"抽象"交响曲,但从斯特拉文斯基开始创作的那一刻起,他脑海中想的就是一部宗教作品。这部作品一头一尾两个乐章实际上被献给了特定的教会节庆。作为一个整体,这部作品变成了一个重获信仰的动作,对于某个在长时间缺席后,重回教会的人来说,它是一份个人证言。确实,为前两个乐章选择的诗篇片段呈现的是一种非常私人化的恳求:"上主啊,求你垂听我的祷告"(Exaudi orationem meam, Domine,选自诗篇39)和"我曾耐心等候主,他垂允俯听我的哀求"(Expectans expectavi Dominum,选自诗篇40)。末乐章是完整的诗篇150配乐,即"音乐家的诗篇":"哈利路亚,要赞美上主……用角声赞美他……"(Alleluia, Laudate Dominum)。

对于斯特拉文斯基而言，与这部作品意义相关的一条线索，或许可以从他在第一乐章中选用的一句唱词中找到，即 quoniam advena ego sum apud te（因为我在你面前是外人是客旅），也就是对上帝来说，一个远离了教堂的陌生人。标准的法语译文——斯特拉文斯基也肯定知道，能引人产生更强烈的共鸣：car je suis un étranger chez toi, un voyageur."外人……客旅"，这些词一定让这位总是在四处奔波、居无定所的流亡作曲家深有感触。斯特拉文斯基的传记作者斯蒂芬·沃尔什认为，《诗篇交响曲》"比斯特拉文斯基自《管乐交响曲》之后的任何作品都更接近他的艺术灵魂"[1]。斯特拉文斯基回忆说，第一乐章"在充满宗教和音乐热情的状态下创作"。然而，尽管如此，除了在靠近开头的地方罕见地使用了"富有表现力"的标记（即圆号和大提琴上充满热情的上下行半音音型，随后由合唱团接续，当作开场宣言），这部作品没有直接表达这些情感。相反，与《俄狄浦斯王》一样，它是一份丰碑性的仪式声明。同样，像此前的《俄狄浦斯王》，这部作品采用了"僵化的"拉丁语，迅速让听众产生距离感，并且去除了作品中与个人有关的特征，还给它注入了一种仪式感。它被展示为一种集体化而非个人化的恳求。合唱团没有重复开头的文本，文本不加重复地持续呈现，但是音乐高度重复，简单的旋

---

[1] 斯蒂芬·沃尔什，《斯特拉文斯基的音乐》，p. 148。

律音型在不断重复,固定音型或常动曲使用了机械化的十六分音符节奏,还有持续音,这一切赋予音乐一种静态的特征。在末乐章靠近结尾处,这种特征被放大,一根简单的固定音型低音线条在狂喜中缓慢行进,仿佛无休无止。用沃尔什的话说,这是一种"崇高的单调"。著名的开场 E 小和弦具有不常见的音符空间距离,它不时打断第一乐章的进程,像几根支撑着一座大型中世纪大教堂的柱子,定义了该乐章的仪式氛围。确实,在短短几年之后,斯特拉斯基将在《自传》中写道:"在定义由音乐引发的感觉方面,最好的描述是:它与由思考不同建筑形式之间的相互作用所引发的感觉一样。"在这些柱子之间,以琶音音型形式出现的素材更具"建筑感",它们首先由管乐器演奏,然后出现在钢琴上,听起来好像是直接从哪本钢琴手指练习册上照搬过来的材料。就像斯特拉文斯基把文本处理成某种"现成物"一样,这种中性、抽象、无情感表现力的音乐材料的出现,强化了距离化效果,听众的注意力因而不会被导向材料本身,而是会关注作曲家使用这些材料的目的。我们应该记住,斯特拉文斯基总是在钢琴边上创作,鉴于这类钢琴练习如今已经成为身为活跃音乐会钢琴家的他日常训练的一部分,这类素材以各种不同形式进入他的音乐就不足为奇。[1]

---

[1] 参见格雷厄姆·格里菲斯(Graham Griffiths),《斯特拉文斯基的钢琴:一种音乐语言的诞生》(*Stravinsky's Piano: Genesis of a Musical Language*, Cambridge, 2013)。

随着较高声部弦乐的缺席,《诗篇交响曲》的音乐拉开了自身与富有表现力的德国浪漫主义音响世界之间的距离,反而凭借木管和铜管、钢琴和竖琴的类钟声音响指向了俄罗斯。它与采用了一种别致法式姿态且仅为弦乐而作的《阿波罗》(1927—1928)之间的对比尤其鲜明,因为斯特拉文斯基如今重新塑造了他较早期酒神式俄罗斯自我的一些方面:有时,它听起来像是他在重写《管乐交响曲》,甚至重复了"哈利路亚"。在创作《诗篇交响曲》期间,他在"以俄式思维思考"已经被证实——他曾宣称,自己实际上一开始使用的是古斯拉夫语,而非拉丁语,而诗篇150的"要赞美上主"一开始是斯拉夫语的Gospodi pomiluy(求主怜悯),是"向俄罗斯圣像中手握宝球和权杖的婴儿基督献上的一句祷告"。在第一乐章中表现的一种集体信仰理念,与斯特拉文斯基在马利坦文字中发现的新托马斯主义相似,它在第二乐章中发展出了进一步反浪漫主义的维度。其中,新巴洛克的工艺和秩序感,在恢弘的双重赋格形式中显而易见。(在选用的诗篇片段中,即"他引导我的脚步"[Direxit gressus meos],可能还藏有一条线索。)它的四音主题明显让人想起历史上最著名的赋格主题之一,同样是C小调,出自巴赫的《音乐的奉献》。但是这个主题并没有以巴赫的方式延展或发展。相反,它被编进了一个由动机之间的互动而形成的更为静态的织体。巴洛克盛期的确定性被剥离,表现出一种现代怀疑态度。末乐章最长,它的开头平静且光芒四射,不是在庆贺,不像人们脑海中《弥赛亚》里"哈利路亚"的西式配乐。相反,它采用的是一种沉思性的俄罗斯风格——一个不断重复的终止式进行,它在最后一次重复时,呈现的是一个辉煌而不失节制的 C 大调超然画面。有那么一刻,这场大型集体仪式说的是出人意料的个人化语言。这位流亡者似乎已经找到了他的精神家园。

在针对这位作曲家的现代主义所作出的修正主义解释中,塔玛拉·列维茨声称,斯特拉文斯基的新古典主义风格是他信奉东正教的结果。"自 1926 年重归宗教以来,斯特拉文斯基发现东正教会为他提供了一个由基督教信条构建的形而上家园,代替了他已经失去的物理意义上的家园。"[1] 对列维茨来说,有一部作品以一种复杂的方式特别触及了斯特拉文斯基信仰的回归,它就是完成于 1934 年的《珀尔塞福涅》(Perséphone)。就像《俄狄浦斯王》一样,从表面上看,它呈现的是一个古典神话故事,它是为安德烈·纪德改编自公元前 7 世纪被认为是荷马创作的《德墨忒耳颂歌》进行的配乐。但是,列维茨认为,它本质上表现的是斯特拉文斯基对神启的信仰。这再一次打开了解读一部作品表层叙事之外的可能性。例如,它对于理解这部作品中的特殊文本配乐有着深刻意义:就像他早期"令人愉悦的发现",通过打破纪德文字的韵律,斯特拉文斯基得

---

[1] 塔玛拉·列维茨,《现代主义之谜:〈珀耳塞福涅〉》(*Modernist Mysteries: 'Perséphone'*, New York, 2012),p. 331。

以将注意力集中到音节本身的发音,而非文字的意义上。正如苏夫钦斯基后来主张,这是一种将斯特拉文斯基与东正教诵咏实践紧密联系在一起的方法,信众通过关注单个或重复的音节,而非所唱内容的意义,而实现一种无我的状态。[1] 贯穿《珀尔塞福涅》的简单且往往静态的自然音阶和声,以及音响本身带来的愉悦感,创造了一种非常不同的时间感——一种超验性或"神性"的时间。用苏夫钦斯基的话说,它是一种"本体论时间",将在他后来在1930 年代为斯特拉文斯基起草的《音乐诗学》中再次出现。用列维茨的话来说,最后得到的是一种"宗教形式主义",它几乎将《珀尔塞福涅》归到《俄狄浦斯王》和《诗篇交响曲》所在类别。

对克拉夫特来说,俄罗斯像幽灵一样缠着《俄狄浦斯王》不放。在塔拉斯金看来,《诗篇交响曲》表明,"作为**源**俄罗斯人(*ur*-Russian)和现代主义者的斯特拉文斯基的回归"[2]。在出自《珀尔塞福涅》的"在这床上"(Sur ce lit)中,斯特拉文斯基完全忽视了纪德的法语诗律,而且坦言他最初是为自己的俄语文字而创作的这段音乐。他的拉丁语歌剧-清唱剧、拉丁文宗教诗篇和古典法语情景剧最终都在谈论它们声称要传递的新古典主义形式之外的某种东西。面具之下,它们都在谈论俄罗斯。

---

[1] 参见前引,p. 157。
[2] 理查德·塔拉斯金,《斯特拉文斯基与俄罗斯传统》,p. 1618。

7. 一段非比寻常的创作合伙关系：斯特拉文斯基与巴兰钦

1924 年 12 月，巴黎。米希亚·塞特[1]公寓大会客室。一小组首席舞蹈家刚从马林斯基剧院抵达柏林，他们在那里受到许多白俄流亡者的欢迎。这些人将进行为期三个月的巡回演出，辗转各地展示自己的才华。但是，他们无意在任务结束后返回苏联。在西方，日子太舒坦了。与这个才华出众的艺术家群体相关的消息，传到了身在巴黎的佳吉列夫那儿，他派出秘书鲍里斯·科奇诺（Boris Kochno）去打探与他们有关的消息。在伦敦的一场演出中，一位 20 岁的俄罗斯-格鲁吉亚舞蹈家兼舞蹈编导吸引了科奇诺的目光，他的名字叫格奥尔基·巴兰奇瓦泽（Georgi Balanchivadze）。科奇诺兴奋地向佳吉列夫汇报了自己的发现。因此，在这年年底，这群年轻的苏联人到了巴黎参加佳吉列夫和塞尔日·利法尔

---

[1] Misia Sert（1872—1950），钢琴家，艺术沙龙主持人，艺术赞助人。——译者注

(Serge Lifar)组织的选角。巴兰奇瓦泽跳的是他自己为斯克里亚宾的音乐编排的舞蹈。利法尔一下子就被迷住了。他叫喊着:"我们一定要录用这些年轻人!"佳吉列夫也当场同意聘用他们,他也注意到了这位20岁的年轻人,渴望从他那里听到关于祖国的消息,想让他成为俄罗斯芭蕾舞团的舞蹈教练和编导。佳吉列夫心想:"如今他到了西方,我应该叫他乔治·巴兰钦(George Balanchine)。"[1]

1925年5月。蒙特卡洛。俄罗斯芭蕾舞团排练厅。佳吉列夫问巴兰钦:"你想跳一部由斯特拉文斯基完成音乐的芭蕾吗?"年轻的芭蕾编导不假思索地答应了。他早就知道并欣赏斯特拉文斯基的作品。他喜爱《普尔钦奈拉》。近来,他一直在准备它的一版制作,但不得不在离开苏联时放弃。他已经跳过《火鸟》。14岁时,在彼得格勒,他甚至在梅耶荷德的执导下跳过《夜莺》中的角色。佳吉列夫如今想让他为《夜莺之歌》重新编舞,它是斯特拉文斯基根据歌剧第二、第三幕的音乐而创作的一部交响诗,由马西涅与俄罗斯芭蕾舞团在1920年首演。由亨利·马蒂斯完成的舞台布景已经准备就绪,静待复排。斯特拉文斯基迫切地想确定一切在精确地按照自己的意愿进行,虽然他从未完全相信《夜莺之歌》适合舞蹈。他将首次指挥这部作

---

[1] 查尔斯·M. 约瑟夫(Charles M. Joseph)描述了一些相关细节,《斯特拉文斯基和巴兰钦:发明之旅》(*Stravinsky and Balanchine: A Journey of Invention*, New Haven, CT, 2002), pp. 45—46, 转录自托尼·帕尔默(Tony Palmer)的电影剪辑片段。

品的上演。这位作曲家能苛刻到什么程度，俄罗斯芭蕾舞团再清楚不过了。但是，巴兰钦没有畏缩。

斯特拉文斯基此刻住在距离不远的尼斯，他刚结束一场繁重的欧美巡演，会定期到彩排现场看看。正是在这间排练厅，巴兰钦和斯特拉文斯基第一次见到了对方。作曲家坐在钢琴前，开始演奏《夜莺之歌》。"它应该是这样的，"他抬头望着巴兰钦，强调说，"速度应该是这样。"巴兰钦有着极好的音乐听觉。毕竟，他的父亲也是一位作曲家。与斯特拉文斯基一样，他的父亲也曾师从里姆斯基-科萨科夫。同时，巴兰钦自己最近才以钢琴家和作曲家的身份从彼得格勒音乐学院毕业。他记住了斯特拉文斯基演奏过的一切。斯特拉文斯基离开后，排练就开始了。能够完全按照作曲家的要求来创作这部芭蕾，巴兰钦为自己感到骄傲。不久后，佳吉列夫走进排练厅，看到年轻的芭蕾舞指导正在工作，他喊道："不！这速度错了！"然后，他开始用竹手杖以一个较慢的速度敲打地板。巴兰钦愤慨地坚持说："不，谢尔盖·帕夫洛维奇，那不对。斯特拉文斯基想让它更快些，所以我才这么干。"这惹恼了佳吉列夫："好吧，**我**不想要那样！"然后，他再次按自己的速度敲击手杖。巴兰钦别无选择。为了让佳吉列夫高兴，他不得不改变一切。他欠了佳吉列夫太多，需要继续对他忠诚。即使他打心底里知道，这位伟大的经理人实际上对舞蹈知之甚少。但是，在斯特拉文斯基再次出现在排练现场时，他被自己看到的一切吓坏了。"你怎么回事?"他冲巴兰钦喊道,"我告诉过你,这个速度错了。"

这是一个不祥的开端。从他们第一次碰面来看,几乎没有证据表明斯特拉文斯基和巴兰钦之间的这段合作关系将变成 20 世纪最持久且最成功的艺术合作之一,会为芭蕾舞台带来有史以来最激动人心的作品。近年来,一些评论家开始质疑他们基于相似美学观念进行合作所取得的成就这一普遍观点。[1] 这两位才华横溢且意志坚定的人之间的共识当然有可能被夸大,但可以肯定的是,他们就"古典秩序"等美学问题,以及音乐和舞蹈的速度方面所达成的一致,让二人在创作方向上实现了无与伦比的统一。他们的三部经典芭蕾舞就是见证,即《阿波罗》、《俄耳甫斯》(*Orpheus*)和《阿贡》。巴兰钦曾经写道:"如果我可以写作音乐,在我看来,它就是我想要的声音。"[2] 考虑到巴兰钦音乐确实写得很好,这是一种不寻常的谦逊说法,但这就表明了他自己与斯特拉文斯基之间的艺术直觉能有多相似。就斯特拉文斯基来说,他非常信任巴兰钦:"我不理解一个人怎么能成为一位编舞家,除非他像巴兰钦一样,首

---

[1] 比如,斯蒂芬妮·乔丹(Stephanie Jordan),《斯特拉文斯基的舞蹈:百年再诠释》(*Stravinsky's Dances: Re-visions Across a Century*, Alton, Hampshire, 2007),尤其是第三章。

[2] 乔治·巴兰钦,《斯特拉文斯基音乐中的舞蹈元素》(The Dance Element in Stravinsky's Music, in *Stravinsky in the Theatre*, ed. Minna Lederman, New York, 1949, p. 78)。

先是一位音乐家。"[1] 斯特拉文斯基会听取巴兰钦的意见,他们一起探讨一些项目的细节,他甚至会根据巴兰钦的建议修改自己的音乐——这位管控一切的作曲家不会为任何其他人做这种事。斯特拉文斯基许多最知名的音乐,都是由这位比他小22岁的人开始并完成编舞。

这两位艺术家一开始就是激进的现代主义者,战前的斯特拉文斯基在很大程度上凭借的是《春之祭》,而巴兰钦凭借的则是在1920年代早期受到卡西扬·戈列伊佐夫斯基(Kasyan Goleizovsky)的实验性编舞——近乎裸体的舞蹈演员在构成主义布景中排成抽象队形——启发的作品。对于巴兰钦和斯特拉文斯基来说,在战争之间那些年"发现的过去",转变了他们的思维,也致使二人的音乐和舞蹈语言化繁为简。尤其是,他们共同发现的古希腊罗马时代,让他们直接与战争之间那些年欧洲装饰艺术的进一步发展建立起了联系。

第一次世界大战以及之后那些年,斯特拉文斯基交往的许多巴黎艺术家都转向了古典题材,其中包括但不限于阿波里奈尔、德彪西、科克托、纪德、米约、毕加索、萨蒂等人。斯特拉文斯基最终会在与科克托合作《俄狄浦斯王》这部因观看科克托的《安提戈涅》而完成的作品时追

---

[1] 伊戈尔·斯特拉文斯基,罗伯特·克拉夫特,《回忆与评论》(*Memories and Commentaries*, London, 1960, reprinted 1981), p. 37。

随他们的步子。但是，这当然不是斯特拉文斯基第一次接触古典主义艺术。十多年来，他一直置身于影射和重新诠释古希腊罗马时代的新兴巴黎装饰艺术文化中心。的确，作为一种新艺术，作为现代主义的基础，古典原型对于俄罗斯芭蕾舞团的早期作品来说一直很关键，其中最著名的是齐尔品的《那喀索斯》（1911）和拉威尔的《达芙妮与克洛埃》（1912）。这些作品的舞台设计是莱昂·巴克斯特，他是《艺术世界》的创始人之一。1909年，巴克斯特在《阿波罗》（*Apollon*）杂志第三期上发表了一篇题为《艺术的古典主义之路》的文章。[1] 其中，他预见了战后"高艺术"（high art）和高级时装在《安提戈涅》等作品中的融合："在艺术能被发现的地方，时装随处可见。"在这个方面，有趣的是，早在1904年12月的圣彼得堡，巴克斯特（与佳吉列夫、伯努瓦和福金一起）就对光着脚舞蹈、"身体曲线在古希腊丘尼克式直袍下若隐若现"的伊莎多拉·邓肯印象深刻。"邓肯主义"按努韦尔的说法，它是一次"对彼季帕[2]风格的猛烈反抗"，对俄罗斯芭蕾舞团产生了强烈影响。[3] 巴克斯特认为，未来的艺术必将"刻意不复杂"，走向"一种新颖且十分简单的形式"。艺术家们会"像

---

1 莱昂·巴克斯特，《艺术的古典主义之路》（The Paths of Classicism in Art, trans. and introd. by Robert Johnson, *Dance Chronicle*, XIII/2, 1990, pp. 170—192）。
2 Marius Petipa（1818—1910），法国古典芭蕾大师，创排了《堂吉诃德》《吉赛尔》《睡美人》《胡桃夹子》《天鹅湖》等大量经典芭蕾剧目，影响深远。——译者注
3 谢恩·舍真，《佳吉列夫生平》，p. 173。

1908年前后，莱昂·巴克斯特，《舞动着的伊莎多拉·邓肯》（*Isadora Duncan Dancing*）

伯里克利[1]时期雅典的希腊人一样，重新宣扬自然之美"。巴克斯特预示了"一种新古典艺术"的诞生。不要忘了，邓肯会以古代女神的形象和尼金斯基一起重新出现在作为新事物神殿本身的香榭丽舍剧院入口上方。

斯特拉文斯基新古典主义艺术的现代性在时尚界备受推崇。1934年，伦敦《每日电讯报》上一篇对《珀耳塞福涅》的评论捕捉到了这一点。理查德·卡佩尔（Richard Capell）在文中称斯特拉文斯基是"现代生活的音乐化身……《珀尔塞福涅》简单却精妙。精妙与简单，精通与

---

1 Periclean（约前495—前429），古希腊雅典政治家，前443—前429年执政。——译者注

不确定,半人与半机械,现代生活不正是这样吗,就像斯特拉文斯基的音乐?"然而,其他人仍然对斯特拉文斯基明显背离激进的现代主义感到困惑。例如,在《阿波罗》首演一年后,列昂尼德·萨巴涅耶夫(Leonid Sabaneyev)在《音乐时代》(*Musical Times*)上谈到过这部作品,他不留情面地批评了斯特拉文斯基的大转变:"这个音乐界的布尔什维克、列宁和托洛茨基,已经变成了一位在郊区别墅中安度余生的资本家。"必须承认,这部优雅、时髦且古典的作品确实融入了不少法国郊区装饰艺术内饰元素。但是,《阿波罗》真的标志着具有革新精神的斯特拉文斯基的消失吗?就卡佩尔来说,他在新古典主义的《珀尔塞福涅》中敏锐地发现了机械化的《春之祭》残余,就像里维埃和其他人在《春之祭》中发现了古典主义萌芽。为了与装饰艺术总体精神保持一致,斯特拉文斯基和巴兰钦拥抱了古典的过去,并不是为了重复它,而是为了再造它,将它用于自己的一些现代目标。

《缪斯领袖阿波罗》(或按佳吉列夫,简称《阿波罗》)是斯特拉文斯基与巴兰钦之间第一次正式合作。1927年下半年,斯特拉文斯基在尼斯写完了这部作品的主要部分,并在1928年1月完成了整部作品。它与此前的《俄狄浦斯王》有许多共同特征,但现在是一部没有文字的芭蕾舞作品。这部作品由伟大的美国室内乐赞助人伊丽莎白·斯普拉格·库利奇(Elizabeth Sprague Coolidge)委托,在由她捐赠且仍以她名字命名的华盛顿特区国会图书馆礼堂首演。佳吉列夫被斯特拉文斯基的不忠激怒,理由是他为自己之外的人创作了一部芭蕾,他开始狠批这位作曲家新找到的支持者。

"这个美国女人完全聋了。"
"她可能是聋了,但她给钱。"斯特拉文斯基反驳说。
"你脑子里只有钱。"佳吉列夫嘟囔说。

斯特拉文斯基当然非常乐意接受这笔委约金("只有"1000美元),即便他对1928年4月27日的华盛顿首演没有什么兴趣,也没有出席,因为当时他正在欧洲指挥《俄狄浦斯王》。尽管如此,最初的委约让作品在物理场地上受到的限制,可能恰好是其音乐看似受限但这些受限之处其实是它典型特征的原因,虽然这位作曲家的注意力一直集中在同年6月俄罗斯芭蕾舞团在巴黎上演的作品上。作品酝酿初期,斯特拉文斯基似乎已经设想过由利法尔跳阿波罗这一角色,并且后来慨然承认,这部芭蕾的成功既归功于他跳的舞蹈,也归功于巴兰钦美妙的编舞。对于巴兰钦来说,《缪斯领袖阿波罗》标志着一次与创作有关的顿悟,让他能精简自己的现代主义编舞风格。

> 我把《阿波罗》看作人生的转折点。在它的秩序和节制中,在它持续统一的风格和情感中,这部作品给了我启示。

它似乎在告诉我,我可以选择不使用一切,我也可以进行删减。[1]

斯特拉文斯基早就决定"创作一部以希腊神话片段或情节为基础的芭蕾舞,由所谓古典学派舞蹈呈现"。在描述阿波罗诞生的"序幕"之后,三位缪斯女神出场,即卡利奥佩、波吕许谟尼亚和忒耳西科瑞,作品随后进入一系列完全符合古典芭蕾传统的常规炫示部舞。在最后的"神化"之前,有一段为所有四位舞者准备的结尾部舞。简单来说,这个部分讲述的是阿波罗带领三位缪斯前往帕尔纳斯山。因而,任何有意义的叙事都被剥离。剩下的是对于古典主题、人物和舞蹈的抽象思考。(有人会忍不住将它重新命名为《阿波罗及其冥想》,不免让人想起布德尔为香榭丽舍剧院创作的浅浮雕。)这种描述同样适用于巴兰钦克制、雕塑般的编舞。其中,在表现纯粹的古典之美时,音乐和舞蹈统一了起来。斯特拉文斯基自己把《阿波罗》看作一部白色芭蕾(ballet blanc),这个术语源自 19 世纪芭蕾最古典的形式,用于那些女舞者全部身着白色服装的场景。在此,他用该术语来指一种有意回避对比,精简到只剩弦乐且主要采用自然音阶("白色音符")和声的音乐。

那么,斯特拉文斯基是如何实现希腊神话中太阳神阿

---

[1] 乔治·巴兰钦,《斯特拉文斯基音乐中的舞蹈元素》,p. 81。

波罗所象征的秩序感的呢？把《阿波罗》打造成他迄今最彻底的法式作品。正如他后来所说，通过尝试"探索一种脱离民间色彩的旋律风格"，他明确地背离了自己较早时期的音乐。实现这一目标的方法之一是借鉴法语诗歌。他声称，《阿波罗》的"真正主题"是"诗律"。每一支舞蹈都探究了一种基本的抑扬格（短—长）模式。"卡利奥佩炫示部舞"的开头使用了路易十四宫廷诗人尼古拉·布瓦洛的两行诗，并且以亚历山大体诗体的十二音节诗行作为它的节奏模式。它也影射了法国的巴洛克舞蹈，如开场"阿波罗诞生"的序曲风格，以及类似帕凡舞曲的第二段"阿波罗炫示部舞"。但归根结底，它触及的是现在，而非过去。这种白色音符的希腊风格更多指向萨蒂，而非吕利。正如保罗·格里菲斯（Paul Griffiths）戏言，"《阿波罗》的高卢精神是吕利和德利布、《达芙妮与克洛埃》和利兹酒店的复杂叠加"。[1] 斯特拉文斯基和巴兰钦在用一种法式手法打造这位希腊神话里的神。

至少表面上看来是这样。但最后的"神化"打开了一扇窗，让我们看到趣味性和装饰性之外的东西。在某种程度上，观众会期待看到一部古典主义芭蕾结尾的神化场景，而且其中当然也有柴可夫斯基《睡美人》的影子。与《阿波罗》情节相符的是，神化的概念表现的是转化为神的过

---

[1] 保罗·格里菲斯，《斯特拉文斯基》（*Stravinsky*, New York, 1993），p. 98。

程，即从俗世走向神界的超脱。英雄性的 D 大调和被埃里克·沃尔特·怀特称作"奥林波斯主题"的巴洛克式号角风格表现出了这一点。音乐一开始明显是赞美诗式。然而，在这些传统的胜利和收束迹象之下，音乐却在朝着不同的方向前进。由于 G 大三和弦和 B 小三和弦同时在自由地来来回回出现，所以 D 大调并不像一开始看起来那么确定。

1928 年 6 月，巴兰钦编舞版《缪斯领袖阿波罗》中的阿波罗（由塞尔日·利法尔扮演）和三位缪斯

音乐无法轻易地向前推进。出人意料的是，在具有表现力的倚音中，一种个人化的声音开始从这个巴洛克面具后出现。这一切都使得这个奥林波斯主题的出现不像一开始料想中那么具有凯旋意味。它具有一种令人感到遗憾的特质，好像它不是原本该有的样子，仿佛丢失了什么。在保持不变的持续音 D 之上，是一种空洞的胜利姿态，轻飘而遥远。

在靠近"神化"结尾的地方，一个带附点的四音音型从奥林波斯主题中分离了出来，像是一个出自吕利之手的音乐碎片，一个凝固的动机。它开始执拗地重复，表露出一种忧伤。它仅仅是一种由重复音型（各音型）都在以自己的速度推进构成的全新织体层，在简单地不断机械循环。神化采用的 D 大调被刻意回避。这段音乐结束在一个 B 小三和弦上，但几乎没有解决，因为与它相冲突的 D 大三和弦和 G 大三和弦依旧若隐若现。这就是卡佩尔所谓的"精通与不确定，半人与半机械"吗？虽然"献祭之舞"中的机械元素已经去人性化，但这里的机械化重复表现了某种忧郁、遥远、失落的东西。音乐并没有像《春之祭》结尾那样被暴力地撕裂开来，而是慢慢地减弱并褪去。在第一次世界大战之后，另一部《春之祭》的出现已经没有可能——可以说，《春之祭》中呈现的毁灭性后果在现实生活中出现得太快，太悲剧。如今，连神化的希望也落空了。这部作品中大范围的强烈巴洛克风格，此刻裂成了碎片。时间本身仿佛停了下来。音乐停在 B 小三和弦上，仿佛给人以短暂慰藉，但是与失落相关的记忆并没有被抹去。更确切地说，B小调像是指向某种缺席，而不是在场。它仿佛在歌唱流亡。

1946年，在另一场可怕战争之后，斯特拉文斯基和巴兰钦——如今都已定居美国——转向了阿波罗的儿子俄耳甫斯。出现在这部以他名字命名的芭蕾舞开头的正是悲痛万分的俄耳甫斯，像是接续了二十年前在《阿波罗》结尾处被悬置的悲伤情绪。"俄耳甫斯为欧律狄刻哭泣。他一动不动地站着，背对着观众。"我们听到他由竖琴音响表现的里尔琴声反复演奏着下行线条——一种表现哀伤的惯用方式。这种哀伤在琴弦上回荡，在由竖琴演奏的音符上久久不散。

青春年少的俄耳甫斯和欧律狄刻双双死亡，这在动荡的20世纪尤其引人共鸣。许多艺术家将目光转向了神话，这是他们向那些实在无以言表的事件作出妥协的方式。在第一次世界大战期间以及随后那些年，科克托、画家奥斯卡·考考斯卡[1]和诗人赖纳·玛丽亚·里尔克等艺术家（仅举其中三例）都曾从自己的视角解读过俄耳甫斯悲歌。1925年，科克托已经完成了悲喜剧《俄耳甫斯》。如前所述，它催生了斯特拉文斯基第一部以古典主义神话题材为基础的作品。在1940年代晚期，几乎就在斯特拉文斯基考虑俄耳甫斯之时，科克托再次将目光锁定了自己的《俄耳

---

[1] Oskar Kokoschka（1886—1980），奥地利画家、诗人、表现主义艺术家。——译者注

甫斯》，把它改编成了一部黑暗得多的电影。其中，俄耳甫斯是二战后巴黎一位有名气但被人瞧不起的诗人。纳粹占领的痕迹鲜明且无处不在，例如：身着黑衣骑着摩托的死亡信使，一群醉酒斗殴的暴徒，死亡法官的特别法庭，以及乔治·奥里克[1]的阴森音乐。通过这个古老的故事，与一些新近发生的社会事件相关的痛苦记忆被唤醒。

值得注意的是，二战结束后不出一年，斯特拉文斯基就开始了《俄耳甫斯》的创作，虽然该题材的想法源自巴兰钦，但是它在那个特殊时刻引起了斯特拉文斯基的共鸣。从不表露真实感情的他，发现俄耳甫斯的面具能够让他与一系列悲惨的个人遭遇和战争年间对于世界局势的焦虑达成和解。他肯定还能感受到1930年代末发生的悲剧，当时他的长女、第一任妻子和母亲相继离世。作为一个二次流亡的人，斯特拉文斯基只能远远目睹战争的恐怖和困苦。在欧洲与家人分离后——他的两个儿子当时都已应征加入了法国军队——他从远处关注着家乡列宁格勒遭受的恐怖且毁灭性的围攻。也正是某种距离感成为明显不朽的《俄耳甫斯》的整体特征。然而，在这一被普世化的仪式之下，这部作品似乎更个人化，也更贴合它所处的时代。值得注意的是——克拉夫特是第一个注意到这一点的人——《俄耳甫斯》是斯特拉文斯基继《火鸟》之后第一部频繁出现

---

[1] Georges Auric（1899—1983），法国作曲家，以电影、芭蕾音乐闻名。——译者注

"富有表现力"这一术语的作品。

《俄耳甫斯》的起源实际上至少可以追溯到十年前,一直到巴兰钦和作家兼经理人林肯·柯尔斯坦(Lincoln Kirstein)首次请求斯特拉文斯基为《阿波罗》写续篇的时候。在将巴兰钦带往美国这件事情上,柯尔斯坦起过至关重要的作用,那是他观看俄罗斯芭蕾舞团版《阿波罗》的结果。正是柯尔斯坦最终为新成立的芭蕾舞协会,也就是纽约市芭蕾舞团的前身,委约了这部作品。1946年4月,巴兰钦和斯特拉文斯基一起敲定了作品的剧本梗概和时间线。它的音乐和编舞同时面世。两人设计的剧本始于俄耳甫斯在欧律狄刻葬礼上哭泣,结束在阿波罗现身的另一神化场景,他"从俄耳甫斯手中夺过里尔琴,让他的歌声飘向天堂"。这部作品的音乐自始至终克制而疏远。例如,由序幕和尾声提供的赞美诗式框架和贯穿始终的对位技术的重要性都强化了作品的形式感。最终,选来为这部作品首演进行舞台设计的是日裔美国人野口勇(Isamu Noguchi),这位雕塑家的抽象几何布景、服装和面具与斯特拉文斯基音乐和巴兰钦舞蹈中凝练且仪式般的纯粹完美匹配。

在这部作品中,唯一真正的暴力性音乐是第二支"情节舞","酒神女祭司们攻击俄耳甫斯,抓住他,并把他撕成碎片"。但即便在此处,音乐也是规规矩矩。《俄耳甫斯》展示的不是对于战争暴力的描述,而是对战争和死亡的反思。我们依然能听到《春之祭》中暴力而机械化的重复、固定音型和动感十足的节奏,但如今带有一丝超脱感。这是希腊神话给予斯特拉文斯基最重要的东西:不是回到古希腊,而是在为一个新时代重新讲述一个普世的故事。这个神话特别为他提供了一个能够在其中歌唱他痛失所爱情绪的语境。在"舞蹈曲调"(Air de danse)中,俄耳甫斯因为失去欧律狄刻而歌唱。在里尔琴的伴奏下,两支助奏双簧管奏出一段沉痛的悲歌,旋律线条在悲痛中彼此交织,令人想起巴赫的一段受难乐咏叹调。斯特拉文斯基瞥向了18世纪,但在这么做的时候,他强调了自己所处时代与巴赫时代之间的鸿沟,从而明确表现出一种完全符合他所处现代社会的不确定性和疏离感。

希腊三部曲中的最后一部芭蕾舞是《阿贡》(1953—1957),它是斯特拉文斯基与巴兰钦密切合作的最后一部作品,由巴兰钦与柯尔斯坦一起为纽约芭蕾舞团委约。(斯特拉文斯基本人反对将它看作三部曲之一的想法,这是巴兰钦和柯尔斯坦的意愿。)虽然《阿贡》在许多方面与《阿波罗》和《俄耳甫斯》非常不同,但它仍然代表了斯特拉文斯基在第一次世界大战期间自瑞士开始精简音乐语言的必然结果。"白色"《阿波罗》的抽象,"古典式纯粹"与《俄耳甫斯》的简洁被进一步推向极致,用以创作一部完全抽象的芭蕾。它没有情节,也没有剧本框架,是由音乐-芭蕾搭建而成的建筑,由创造者共同构思。在巴兰钦的初版中,甚至连传统意义上的布景都没有,也没有特别设计的服装,因为舞者们表演时穿的是排练服。斯特拉文斯基后来将这版编舞比作蒙德里安的一幅画。因此，它是对于舞蹈理念和对于作为竞赛、游戏或斗争——作品标题的意思，部分源自斯特拉文斯基对于 T. S. 艾略特的《斗士斯威尼：阿里斯托芬式情节剧残篇》（*Sweeney Agonistes: Fragments of an Aristophanic Melodrama*）的解读——的古希腊神话理念的抽象思考。此外，受到 17 世纪法国弗朗索瓦·德·洛兹[1]和马兰·梅森[2]分别编写的舞蹈和音乐教材启发，这部作品变成了一部与舞蹈有关的舞蹈作品。《阿贡》也是一场与"12"有关的游戏：12 位舞者、12 种舞蹈，以及斯特拉文斯基对在阿诺德·勋伯格手里闻名于世的 12 音作曲技法的相关元素的解读。这一切都表明了新级别的抽象、秩序、规范和作曲客观化。看起来，象征着理性、逻辑和纪律的阿波罗终于完全控制了局面。在超过十五年后，斯特拉文斯基终于完全实现了在《音乐诗学》中提出的美学宣言：

> 对于这部作品的明晰秩序（即它的晶体化结构）来说，重要的是，在令我们狂喜之前，所有调动艺术家想象和让生命元气飙升的狄俄尼索斯元素必须被适当地抑制，而且最后

---

[1] François de Lauze（约 1570—约 1630），法国舞蹈家，著有《舞蹈颂》（*Apologie de la danse*）。——译者注
[2] Marin Mersenne（1588—1648），法国教士，哲学家，数学家，学者。著有两大卷《万有和声》（*De i'harmonie universelle*）。——译者注

7. 一段非比寻常的创作合伙关系：斯特拉文斯基与巴兰钦　163

1944年，伊戈尔、薇拉·斯特拉文斯基
与乔治·巴兰钦于洛杉矶北威瑟利大道1260号

必须使它们服从规则：阿波罗要求如此。[1]

　　有传闻表明，1940年代末和1950年代初，斯特拉文斯基度过了一生中最快乐的日子，他与薇拉结了婚，暂时摆脱了病痛折磨，享受着加州温暖的天气。相机镜头此刻

---

[1] 伊戈尔·斯特拉文斯基，《音乐诗学六讲》(*Poetics of Music in the Form of Six Lessons*, trans. Arthur Knodel and Ingolf Dahl, Cambridge, MA, 1947, first published in French as *Poétique musicale*, 1942)，pp. 80—81。

捕捉到了面带笑容的他。虽然如今依旧是个局外人,但他在比弗利山庄北威瑟利大道1260号住的时间比在其他任何地方都要久。他和薇拉在不起眼的小房子里(一幢受美式风格影响的地中海别墅)心满意足地过着居家生活,身处色彩斑斓的各种动物之中,有猫、鸡和笼中爱情鸟,仿佛他在晚年已经与自己的流亡身份达成妥协。这一点在《阿贡》丰富的趣味性中得到了一定程度的体现。然而,这部作品仍有一些"古怪、高冷、怀旧、刻意不合时宜的"东西,令人感到不安,而这些正是乔治·斯泰纳(George Steiner)提出用来区分流亡人士的特征。[1] 只需听一听其中的"嘉利拉德舞"(gailliarde,出版的乐谱中保留了斯特拉文斯基的错误法语拼写 gaillarde)。它"古怪的"织体倒置让低音弦乐听起来像是在高音域,令人想起宫廷气派十足的17世纪,但采用的是一种扭曲的方式,几乎像是这支舞蹈被凝固在艺术装饰的饰带中。连古色古香的("刻意的不合时宜")记谱也显得格格不入。它是这部作品作为混合调性、非调性和序列音乐折衷整体的一部分。爱德华·萨义德写道,一位"流亡者总是格格不入"。[2] 尽管已经适应了新的生活方式,但《阿贡》似乎仍然指向斯特拉文斯基被连根拔起的自我意识。如萨义德所说,我们"已经习惯

---

[1] 乔治·斯泰纳,转引自爱德华·萨义德(Edward Said),《审思流亡》(Reflections on Exile, in *Altogether Elsewhere: Writers on Exile*, ed. Marc Robinson, San Diego, CA, 1994, p. 137)。
[2] 爱德华·萨义德,《审思流亡》,p. 143。

1946年，北威瑟利大道1260号门外的斯特拉文斯基。
薇拉·斯特拉文斯基摄

性地将现代时期本身看作精神上的孤苦无依和格格不入，看成一个焦虑和疏离的时代"，而《阿贡》则让斯特拉文斯基成为这一时代的主要代言人之一。就像古希腊神话中的俄耳甫斯一样，斯特拉文斯基在不断往后看，但这样做的时候，他面对的只有当下的失落。有时，他对此感到悲恸。有时，就像在"嘉利拉德舞"中，他也许会在过往中找到片刻安慰。然而，两度流亡，他的疏离感几乎不见减轻。

在巴兰钦身上，斯特拉文斯基找到的不止是一位理想的艺术合作者。他找到的这个人可以向他展示那些直接触及他创作本能的想法，能够赋予他未曾言表的创作理想以形式。作为一位音乐家和一个俄罗斯人，巴兰钦正好处在一个能看穿斯特拉文斯基不同面具的位置。或许正是在这三部与巴兰钦合作的"希腊"芭蕾中，斯特拉文斯基最充分地表现了晚期现代性和他自身两度流亡所感受到的焦虑和失落。这种在这些作品中所达至的距离感清楚地表现出一种通常将自身展示为某种忧郁东西的疏离，在他公共场合时常佩戴的秩序、形式主义和客观性面具之下若隐若现。这在《俄耳甫斯》的主题中表现得最为明显，但即使在这部作品中，克制的感觉依旧十分强烈：俄耳甫斯并没有直接表现失落（尽管使用了术语"富有表现力"），而是在一种忧郁的状态下远远地反思它。在所有这三部作品中，古代希腊与历史没有一点关系。古希腊是一种理念，一种乌托邦式的理想，它代表一种不可接近的过去，以及与秩序、整体性和统一相关的价值理念，而这些还是晚期现代所疏离的内容。斯特拉文斯基重塑希腊古典主义表现出了双重束缚的特征。首先，它意识到那个统一的过去已经永远消失不见，而同时又表达了对恢复其秩序价值的渴望（甚至是需求）。然而，这是一种注定会失败的渴望，正如《阿波罗》和《俄耳甫斯》结尾听到的神化。这个观点同样适用于斯特拉文斯基对过去所有音乐形式的重塑。他的新古典主义作品的迷人表象可能刚开始会让人误以为是一种倒退，但是就像他所在的装饰艺术环境，正是这场过去与现在之间的对谈才至关重要，它是新旧价值观之间脆弱甚至是悲剧性的对抗。这与现代主义审美和战后世界紧密相关。正是通过与巴兰钦之间的这段独一无二的合作关系——他们共同的价值观和彼此理解，这一切才得以实现。其次，从个人层面来看,作为一位同时受自身选择和政治环境影响的流亡者,斯特拉文斯基为了与自己的本土"落后文化"产生距离而挪用了西方欧洲"高"文化样本。然而,他赖以生存的神话(与音乐一样)并非出自他自己之手,他也依然与它们保持着距离。对于斯特拉文斯基来说,家不再是地理上的定义,哪怕它曾经是。如今,它已经变成了一种思想状态。

8. 另一场战争，另一个国家

1938年夏天，乌云笼罩在巴黎上空。德国已经吞并了奥地利，并加紧了对苏台德地区主权的声索。法国开始火急火燎地调动100万预备役部队。仅仅在上一次可怕的战火结束20年后，战争又一次逼近欧洲。

斯特拉文斯基在1914年就已经明白，战争、甚至是爆发战争的可能会给创作类及表演类艺术家带来深重灾难，因为他们依赖音乐会相关工作和委约谋生。在欧洲，机会迅速减少。美国还有一线希望，代理人正在那边替他张罗，但少数几个在谈的工作邀约还没有确定下来。对于斯特拉文斯基而言，美国如今已经是一个听起来感到十分熟悉的地方，许多亲近的朋友和伙伴已经在那里定居。斯特拉文斯基已经在美国成功巡演过三次。第一次是在1925年初，当时他以钢琴家兼指挥家的身份出现在六座东海岸和中西部城市。在那次旅程中，他还与不伦瑞克（Brunswick）唱片公司签订了他的第一份唱片合同。就像他在 1920 年代先后为普莱耶尔（Pleyel）和伊奥利亚（Aeolian）公司在自动钢琴打孔纸卷上"录制"音乐，他在接下来几十年作为作曲家和指挥家的录音活动被证明是一种能赚钱的方式，既能养活自己，也能把他的音乐推广给新的听众。1935 年第二次访问美国时，斯特拉文斯基横穿了整个国家，从纽约到洛杉矶，从明尼阿波利斯到沃斯堡，他既为小提琴家萨缪尔·杜希金（Samuel Dushkin）伴奏，也指挥。两年后，他再一次回到美国，与杜希金举行了一轮类似的巡回演出——从加拿大开始，并以在纽约大都会歌剧院指挥首演他"由三轮发牌构成的芭蕾"而结束，也就是《扑克游戏》。此外，他还定期收到来自美国的委约，最新的一部委约作品是《降 E 大调协奏曲"敦巴顿橡树"》，他也希望为一部自 1937 年就开始构思的交响曲收获一纸来自美国的委约。如今，多亏了来自巴黎高等音乐师范学院的忠实拥护者兼前同事娜迪亚·布朗热的支持，他受邀接手了哈佛大学 1939—1940 学年查尔斯·艾略特·诺顿（Charles Eliot Norton）诗学教授职位。这是一个备受尊敬且待遇丰厚的客座职位，此前担任该职位的人包括 T. S. 艾略特和罗伯特·弗罗斯特[1]等杰出人士。诺顿讲席设立于 1925 年，任职者的主要职责是发表六场以"最广泛意义上的诗学"为

---

[1] Robert Frost（1874—1963），美国诗人。——译者注

题的讲座。

但是,另一朵乌云正笼罩着斯特拉文斯基的生活。凯瑟琳的病情变得愈加严重和痛苦,这使她每次不得不孤独地在上萨瓦省的桑塞罗莫(Sancellemoz)疗养院住得越来越久,孤独地与巴黎家人隔离了开来。他们的女儿柳德米拉在1937年初生下了他们第一个外孙凯瑟琳(Catherine),昵称吉蒂(Kitty)。柳德米拉也遭受着肺结核的折磨,在感染胸膜炎时,她也被送到了离桑塞罗莫不远的一家疗养院。斯特拉文斯基本人也被提醒密切关注自己的肺部状况。凯瑟琳和柳德米拉最终都回到了巴黎的公寓,但都因病得太重而无力操持家务。于是,斯特拉文斯基的母亲开始掌管大小事务,尽管她的健康状况也每况愈下。1938年11月30日,年仅29岁的柳德米拉在公寓逝世,斯特拉文斯基和苏利马当时正远在罗马开音乐会。痛失爱女给了凯瑟琳致命一击。她在接下来的几个月里变得愈加虚弱,并在1939年3月2日去世,身边有仍在世的其他孩子、斯特拉文斯基和他的母亲。据丹尼丝说,斯特拉文斯基痛不欲生(尽管不到24小时之前,随着凯瑟琳陷入弥留,他又溜出公寓找薇拉幽会)。凯瑟琳的逝世宣告斯特拉文斯基在圣奥诺雷门外街家庭生活的结束。安娜与苏利马和玛杜波一起搬了出去。1939年6月7日,84岁的安娜也离开了人世,而斯特拉文斯基和米雷妮如今也在桑塞罗莫疗养院接受治疗。用丹尼丝的话来说,几个月后,战争的爆发把斯特拉文斯基家族萨迦的各角色驱散到了世界各地。

斯特拉文斯基后来宣称——合情合理——这是他一生中最悲惨的时期。虽然历经种种动荡、病痛和丧亲之痛，他仍在继续工作。尽管看不到首演的希望，他依然在妻子去世仅一个月后完成了交响曲的第一乐章，在母亲去世后不久完成了第二乐章（慢乐章）。看起来，他的作品似乎起到了疗愈的作用。他声称，如果不工作，自己不可能熬过这些艰难的日子，虽然他也迅速强调，这部交响曲不应该被看作对他悲痛的"榨取"。这段时间，他一直待在桑塞罗莫，家人会去探望他。7月，薇拉来了，这让斯特拉文斯基的孩子们反感。他们认为母亲刚过世不久，这不合适。斯特拉文斯基也在为诺顿系列讲座准备。他曾委托索夫钦斯基[1]起草讲稿，而后又向作曲家兼评论家罗兰-马纽埃尔[2]寻求帮助。罗兰-马纽埃尔被叫到了桑塞罗莫疗养院，与斯特拉文斯基一起完成法语版讲稿。这份讲稿后经修订以《音乐诗学》（*Poétique musicale*，英译为 *Poetics of Music*）为题出版，完全由罗兰-马纽埃尔代笔，却带有斯特拉文斯基本人（一些对于演员和指挥的评论肯定出自他手）和索夫钦斯基（尤其是对于音乐时间的重要讨论，源自亨利·伯格森的哲学思想）的思考痕迹。随着他们工作

---

[1] Pierre Souvtchinsky（1892—1985），俄罗斯移民，思想家。——译者注
[2] Roland-Manuel（1891—1966），法国作曲家、评论家，"阿帕奇人"一员。——译者注

的完结,斯特拉文斯基也终于从疗养院出院,他和薇拉于9月初回到巴黎,正赶上法国和英国向纳粹德国宣战。

巴黎再一次陷入高度紧张的局势。经历过罗讷-阿尔卑斯地区的宁静,斯特拉文斯基再也经受不住战时城市的喧嚣和困苦。空袭警报半夜拉响,大家必须匆匆忙忙下到地窖。新鲜食物开始短缺。于是,他和薇拉到了娜迪亚·布朗热位于加让维尔(Gargenville)的家中暂避,同时为他前往美国讲学的旅程作准备。如今,德国潜艇活跃在北大西洋,他甚至不确定自己还能不能去美国。尽管如此,他还是在9月25日登上了从波尔多起航的"曼哈顿"号,五天后抵达纽约。薇拉留了下来,等证件办下来就去找他。当时,斯特拉文斯基还不知道,这标志着他第二次移民的开始。随后十年有零的时间里,他将不会踏足欧洲的土地。

在马萨诸塞州剑桥找到住处后,斯特拉文斯基开始了他在哈佛的演讲和教学,以及在波士顿、纽约和西海岸的音乐会工作。终于,薇拉在1940年1月13日到了。3月9日,他们在波士顿结了婚,走的是简单的民事婚姻程序。这一切发生在斯特拉文斯基第一任妻子去世仅一年后,二人也迅速递交了美国公民身份申请。看起来,斯特拉文斯基并不打算使用他那张横跨大西洋的邮轮票的回程部分。3月25日,《波士顿环球日报》(*Boston Daily Globe*)报道称,"5月,斯特拉文斯基夫妇将前往洛杉矶,在之后待在这个国家的日子里,他们会在那里安家"——提醒一下,对薇拉而言，那将超过四十年。

1940年6月14日，德军占领巴黎。虽然与家人之间没了联系，也不知道他们的下落，但是这让斯特拉文斯基夫妇永久逗留美国一事几乎不可避免。他们暂时住进了距离威尔希尔大道不远的比弗利山庄，随后向北四公里，搬入了日落大道另一边北威瑟利大道1260号的一幢单层楼房，此后在此住了近三十年。那是一幢刷成白色的建筑，可通过砖砌台阶进入，台阶通往一扇简单的前门，门上有大窗户，开向精心打理且被木栏围绕的花园。不管是否有意为之，斯特拉文斯基似乎在加利福尼亚为自己选择了一小处让他想起很久以前就被丢在乌斯蒂鲁格的心爱夏屋的地方。在这间简朴的住所带来的平静中，在一间被生命中熟悉的书籍、照片和纪念品环绕的书房里，斯特拉文斯基在他的立式钢琴前创作了他晚期所有的伟大作品。对于习惯了仆人和华服、有文化且见多识广的欧洲人来说，要重新扎根，这是最不可能的地方。毕竟，不像其他许多得以前往洛杉矶的欧洲流亡者，如阿诺德·勋伯格和托马斯·曼，斯特拉文斯基夫妇并不是真正在种族或政治压迫下沦为难民的人。他们自己选择了与饱受战争蹂躏的欧洲切断联系，转而住在这座"令人难以忍受但充满活力"的城市。但是，这座城市很适合他们，尤其是南加州的气候，它缓解了斯特拉文斯基糟糕的健康状况，以及对肺结核难以摆脱的恐惧。也许在好莱坞这个美国娱乐产业的中心和富人聚集的

1946年，斯特拉文斯基于纽约。
阿诺德·纽曼（Arnold Newman）摄

地方，斯特拉文斯基暗地里希望能够继续与当下炙手可热的名流和权力掮客打交道，就像他在两次世界大战期间的巴黎沙龙所做的那样。

最重要的是，斯特拉文斯基需要一个安稳的环境进行创作，而这在欧洲已经不再可能。他曾经历过战时的困苦，也不希望再重复那段经历。他渴望秩序，正如《音乐诗学》文稿中宣称的那样，而且他希望家人能够理解和容忍这一点，即使这意味着抛弃他们，就像他曾期望凯瑟琳为了他的艺术而容忍他和薇拉的关系一样。此外，作为一位演奏家，他在美国越来越成功，这与在被占领的欧洲匮乏的音乐会机会形成了鲜明对比。关于他音乐新作的负面回应，让这次重新择向显得更有必要；相比之下，美国观众和评论家普遍热情欢迎他的新作品。作为永远的机会主义者，斯特拉文斯基需要抓住这个机会。是时候与新婚妻子一起在新大陆开始新生活了。

事实上，他第一部在美国完成的作品是在美国巡演途中构思的那部交响曲，但作品的前两个乐章在欧洲时已经完成。赞助终于有了着落，让这部作品的上演有了可能。众所周知，《C大调交响曲》的首演是为了纪念芝加哥交响乐团成立50周年，斯特拉文斯基因而开始创作最后两个乐章。因此，这部交响曲是一部过渡期作品，记录了作曲家从欧洲搬到美国的旅程。一些评论家相信，这一点以某种方式被记录在了音乐中，他们注意到了其中风格的明显变化。活泼的谐谑曲显然没有开头两个乐章那般"古典"。斯蒂芬·沃尔什甚至进一步主张，第三和第四乐章"短暂唤起了赛璐珞胶片上美国的匆忙和闪耀"[1]——如果是真的，那这就是斯特拉文斯基一个快到惊人的同化动作，但这至少符合他后来的说法，即在"从高速行驶的汽车上"看到"洛杉矶大马路上霓虹闪烁"之前（实际上，第一次经历是在1935年），他可能无法获得某些乐段的灵感。这部作品的标题没有提供任何信息。确实，作为他自1907年的"试样"交响曲以来，第一部为无独奏家的标准管弦乐团写作的无文本非标题性作品，《C大调交响曲》或许可以被理解为他最后一次尝试公开支持最近被他抛在身后的中欧交响

---

[1] 斯蒂芬·沃尔什，《斯特拉文斯基的音乐》，p. 176。

乐传统。表面上看，它不过就是：标准的四乐章，表现的是最基础的 C 大调，与传闻中他桌上放着的海顿、贝多芬和柴可夫斯基的交响曲风格相一致。人们还能想到什么更好的古典秩序模型呢？尼古拉·纳博科夫[1]回忆说，斯特拉文斯基曾经暴躁不安地想离开欧洲去美国——"在那里，生活仍然有序"。在一个大动荡和充满个人悲剧的时代，他选择戴上了"无情感色彩的"交响曲面具。《音乐诗学》的文本（与这部交响曲同时完成）证实了这一点，它论及了这位作曲家对"技艺规则"的关注，以及对于"秩序和规则的偏好"。可以说，《C 大调交响曲》表明了这一点。

第一乐章具有古典交响曲的所有特征，更确切地说，具有贝多芬和柴可夫斯基第一部交响曲的特点（也都在 C 调）[2]。它的奏鸣曲式、紧凑的主题和动机发展以及调性安排，展现出与这种古典—浪漫主义体裁如出一辙的内聚力。一位芝加哥交响乐团的常客一听到这部新作品，就能够轻易发现，在一部像贝多芬，但带有一丝幽默"摩登斯基"风味的作品中，它轻易兑现了标题作出的承诺。然而，面具之下是一些模糊得多的东西，它既无交响性，也不在 C 大调。有秩序、有方向的表象让位于一种不连贯的子结构，其中一些片段重复着，陷入了停滞不前的当下，它们被不

---

[1] Nicolas Nabokov（1903—1978），俄罗斯作曲家。是著名作家弗拉基米尔·纳博科夫的堂弟。——译者注
[2] 原文有误。柴可夫斯基的《第一交响曲》使用的是 G 小调，而《第二交响曲》使用的是 C 小调。——译者注

安地困在已经一去不复返的古典过往和不确定的未来之间。伴随主题反复出现的E音和G音在阻止C大调出现（决定性的C音因缺席而引人注目）。在主要主题中，导音渴望解决受阻。导音代表了一种无法实现的渴望。在乐章结束前11小节，解决终于到来，但是一种明确的收束感与最后交替变换的和弦产生了冲突，导音同时保持着解决和未解决的状态。这给音乐增添了一丝忧郁气息。第一乐章的开篇格言作为一段记忆重新出现在末乐章中，它构成了结尾众赞歌的旋律，众赞歌本身就是一种熟悉的（而且显然是非交响性的）斯特拉文斯基式悲歌。除了最后一个弦乐和弦，这首众赞歌是专为木管和铜管乐器而作，而且有可能是直接从《管乐交响曲》的结尾照搬而来。远离家乡的斯特拉文斯基，对俄罗斯满怀思乡之情。这是一个令人心碎的时刻。就像在《阿波罗》中，古典过往辜负了斯特拉文斯基，拒绝给他带来渴望得到的秩序。就像《音乐诗学》，《C大调交响曲》是在悲伤、孤独和流亡中写就。虽然它寻求的是秩序，找到的却是失落。

在这片机遇之地，希望得到的保障并没有快速到来。欧洲的版税流已经被阻断，而他的音乐在美国没有版权保护。他迅速着手一项大范围修改早期音乐作品的项目，目的是为了是让它们受到版权保护，并且为他再次带来收入。目前，他的个人财务状况岌岌可危。他不得不再次改编。指挥他自己的音乐是一种赚钱的方式。好莱坞制片厂近在咫尺，商业路线似乎是另一个明显值得一试的选择。《幻想曲》已经上映，而且在 1940 年 10 月，斯特拉文斯基第二次拜访了他曾在 1937 年去过的派拉蒙电影公司，商讨了一些项目，但都无果而终。看起来，相比他的音乐，好莱坞对斯特拉文斯基的名人身份更感兴趣。但在 1940 年代，他确实基于一些流行形式为一些流行团体写作过一系列作品。后来，他试图让自己远离那些被克拉夫特称作"所谓爵士乐"的作品："这些作品都是技工的活儿，是我不得不接受的委约，因为欧洲的战争极大地削减了我作品带来的收入。"但是，这些作品能够如此轻易地被置之不理吗？其中包括为本尼·古德曼[1]写的一支探戈，为巴纳姆与贝利马戏团写的马戏团波尔卡《为一只幼象而作》，为一部百老汇时事讽刺歌舞剧写的《芭蕾场景》，为保罗·怀特曼[2]乐队写的《俄罗斯风格谐谑曲》，以及另一部为本尼·古德曼写的《"乌木"协奏曲》。就像他在第一次世界大战期间写作的雷格泰姆作品，或许可以说，这些作品出自一位并不真正"了解"美国爵士的人之手。他在爵士中发现了那些他能够意识得到属于自己的不同方面，并且像处理其他借用的音乐风格一样处理它。为了让自己融入洛杉矶的生活，他在学着讲英语；在他的音乐中，为了使自己融入美国音

---

[1] Benny Goodman（1909—1986），美国单簧管演奏家，爵士乐音乐家。——译者注
[2] Paul Whiteman（1890—1967），美国音乐家，曾自称"爵士之王"。——译者注

乐文化，他尝试着"说爵士的语言"。一如既往地，最终出现的是斯特拉文斯基。他发现自己的"技工"经验也渗透进了他的"艺术"作品中。

"我的《三乐章交响曲》是一部用来庆祝我抵达美利坚合众国的作品。"为了表现这一事实，它融入了一些美国流行音乐元素，其中最著名的是最后一个和弦，即好莱坞加六度和弦——如果真有这么个和弦的话。在克拉夫特的怂恿下，他后来对这部作品的评价是"过于商业化了"。第一乐章和末乐章的一些部分也运用了伦巴元素。伦巴是一种源自非洲—古巴的舞蹈，在1930年代因典型的3—3—2拍子节奏型而在美国流行。这些乐段具有一种令人兴奋的节奏活力，即便它们的和声保持完全静止。事实上，音乐采用的是辉煌的八度音阶，它在爵士中很常见，被称作减音阶，但斯特拉文斯基当然是从里姆斯基那里学到的这一音阶。第一乐章的"伦巴"乐段一遍又一遍地在降 E 七和弦和 C 七和弦之间交替，令人遥想起穆索尔斯基《鲍里斯·戈杜诺夫》中的加冕场景。在颂赞美国之时，这位流亡者又一次回望了俄罗斯。

《三乐章交响曲》是斯特拉文斯基第一部完全在美国土壤上创作的大型作品。虽然经常与《C 大调交响曲》成对出现，却与它有天壤之别。《C 大调交响曲》的目标（至少原则上如此）是一种统一的音乐外观，但《三乐章交响曲》在音乐材料上折衷得多，得到的是建立在强烈对比块之上、不连续且反交响性的结构。电影化或许恰如其分地描述了这部在好莱坞写就的作品。斯特拉文斯基后来也确实声称，其中一些音乐是从一个流产的电影项目中回收而来。关于这一点，证据并不令人信服，就像他试图（很快被反驳）给这部作品强加一种战争叙事一样没有说服力。斯特拉文斯基的音乐总是属于它的时代，但从不是以这样一种粗糙且具象的方式。无论如何，抒情的第二乐章是一种直白得多的"典型"新古典主义，可见于他法国时期的作品，而且预示了他在歌剧《浪子的历程》中运用得更为广泛的写作方法，那是一部他在战争刚结束就着手创作的作品。《三乐章交响曲》的创作始于1942年，曾两度搁置，而且直到1945年8月才完成，正是美国向日本投下毁灭性的原子弹、结束第二次世界大战的时候。1945年12月28日，斯特拉文斯基被授予美国国籍。一个月后，他第一次以美国人的身份公开亮相，指挥纽约爱乐乐团首演了他的"美国"交响曲，地点正是在这座迎接他开始第二次流亡生涯的城市。

9. 一部与歌剧有关的歌剧

《浪子的历程》是斯特拉文斯基唯一一部为剧院而作的足本作品,也是他第一部使用英语创作的重要作品,经常被认为是他的终极新古典主义宣言,尽管斯特拉文斯基本人应该会对这样一种描述持怀疑态度。"他曾经嗤之以鼻地说:'新古典主义?它是一个没有丝毫意义的标签。让我告诉你,应该把它放哪里。'——然后,他用力拍了拍自己的屁股。"[1] 然而,斯特拉文斯基说话往往如此,这是一种防御式回应,在掩饰他实际上更为敏感的一面。斯特拉文斯基知道战后欧洲先锋派"青年土耳其党人"对他新古典主义音乐的严厉抨击。《浪子的历程》首演结束后,一从欧洲回到加利福尼亚,他就经历了一场严重的信心危机,他后来

---

[1] 《休斯敦邮报》(1949 年 1 月 26 日),转引自罗伯特·克拉夫特,《"亲爱的鲍勃[斯基]"(斯特拉文斯基写给罗伯特·克拉夫特的信件,1944—1949)》("Dear Bob [sky]", Stravinsky's Letters to Robert Craft, 1944 - 1949, *Musical Quarterly*, LXV/3, 1979, p. 424)。

向罗伯特·克拉夫特坦言,说他认为这部歌剧是某种结束。事实上,这部作品之所以长大且具有总结特性特征,可能正是因为斯特拉文斯基终于有了不受打扰的时间,专心投入这部长大作品的创作——他在1947年1月与布西与霍克斯出版社(Boosey & Hawkes)签订了为期五年的独家合同。这终于为他带来了稳定的年收入,给了他渴望已久的安全感。这一刻,斯特拉文斯基决心用英文写作一部歌剧,以巩固他在新大陆的地位。但是,这是一项会给他带来更多麻烦的任务,几乎比任何其他作品都麻烦。他花费了近四年时间来完成这部作品,最终努力到精疲力竭。对于斯特拉文斯基来说,虽然《浪子的历程》确实代表了某种结束,反思了他的整个新古典主义进程,但事后看来,我们也可以再次将它看作一个新的开端,预示着他晚年更曲高和寡的作品的某些方面。

1947年5月,途径芝加哥的斯特拉文斯基在艺术博物馆偶然看到威廉·霍加斯[1]的版画展,这激发了他创作一系列歌剧场景的想法。霍加斯原本在1735年完成的"绘画小说"《浪子生涯》是一个更大的现代道德题材项目的一部分。就像当时的一些戏剧,这些系列有着"精心设计的剧情、戏剧性冲突和场景变化,并置的严肃和悲剧元素,以及高度的话题性"[2]。与所处时代的精神一脉相承,它们也

---

[1] William Hogarth (1697—1764),英国风俗画家。——译者注
[2] 大卫·宾德曼(David Bindman),《霍加斯》(*Hogarth*, London, 1981),p. 55。

具有高度讽刺意味。斯特拉文斯基立刻意识到了它们的歌剧潜能。歌剧基本保留了守财奴挥金如土的继承人从富裕到逐渐债台高筑，最终走向疯狂和死亡的讽刺性过程。但是，正是疯人院那个令人悲伤的终场特别激发了斯特拉文斯基的想象力，它描绘的是浪子的最后时刻："在精神病院锯着小提琴的主人公，为他坎坷的一生画上了恰如其分的句号。"最终，这并没有在歌剧中得到充分体现，但它给了斯特拉文斯基所需的推动力。霍加斯的小提琴手引起了他的共鸣，不免让人想起《士兵的故事》。

英国作家阿道司·赫胥黎如今已经变成了一位好友兼知己，他在比弗利山庄有一处不大的房子，离斯特拉文斯基家很近。他和比利时裔妻子玛丽亚是北威瑟利大道的常客。据克拉夫特说，这两位男士一点相似之处都没有。在克拉夫特看来，这位外形魁梧的男士像是待在斯特拉文斯基小人国般的住所。他还认为："在他［赫胥黎］的知识谱系中，科学理性主义至高无上，与伊戈尔·斯特拉文斯基对人类存在所持的神秘主义（mystagogic）观点八竿子打不着。"[1] 然而，正如赫胥黎后来在《知觉之门》（*The Doors of Perception*，1954）中记录的那样，他从欧洲搬到加利福尼亚已经促成了一次（诚然是类科学的）与神秘主义经验有关的探索。《知觉之门》中对于致幻药物效果的描述，记录了从理解直

---

[1] 罗伯特·克拉夫特，《斯特拉文斯基：友谊纪事》，p. 22。

接环境的"纯粹美学、立体主义视角"向一种"对于现实的神秘想象"的转变。[1] 赫胥黎几乎可以用同样的话来描述斯特拉文斯基后来的新古典主义音乐,斯特拉文斯基重拾了对东正教神秘主义传统的热情,这塑造和影响了他对自己(音乐)世界秉持的客观主义态度。于是,他们之间就有了牢固的共同基础。斯特拉文斯基总是被移民吸引,说法语的赫胥黎夫妇是他穿行在欧洲和美国之间的重要纽带。在指导斯特拉文斯基处理英语语言和文学问题上,赫胥黎起到了至关重要的作用。在斯特拉文斯基为他以诗行写作的英文歌剧四处寻找脚本作者时,正是赫胥黎灵机一动推荐了 W. H. 奥登[2]。奥登也是一位身材高大的英国作家,居住在纽约,和斯特拉文斯基一样,也刚在此前一年获得了美国公民身份。

拉尔夫·霍克斯(Ralph Hawkes)是布西与霍克斯出版社纽约办事处总经理,他促成了两人之间的合作。1947年10月6日,斯特拉文斯基第一次联系了奥登,邀请他为角色和合唱团准备一份大纲和"自由诗体草稿"。在第一次交流时,他就明确表示希望奥登在规定的限制性条件下工作,他坚持说,它是一部分曲结构作品,而非一部乐剧。(他明显想要避免在委托科克托写作《俄狄浦斯王》文本早

---

[1] 阿道司·赫胥黎,《知觉之门》(*The Doors of Perception*, London, 1954, reprinted 1977), p. 19。
[2] W. H. Auden (1907—1973), 被认为是继叶芝和艾略特之后最重要的英国诗人。——译者注

1946 年，W. H. 奥登于纽约火烧岛（Fire Island）

期发生的不快争执。）"当然，考虑到霍加斯的风格和时代，形式会受到某种限制。但是，要把它变得像我在《普尔钦奈拉》中处理佩尔戈莱西一样现代。"奥登显然十分支持这项工作。不过，他们很快一致认为打磨一部歌剧脚本需要的不只是书信往来。因此，奥登在 11 月 11 日到了好莱坞，短暂停留了一阵,目的是为了反复讨论相关细节。斯特拉文斯基深情回忆说"这位大个、金发、才智超群的'猎犬'"大晚上来了,他不得不在沙发上睡,脚则伸到一把椅子上。次日早上,他们着手构思脚本大纲,仅靠香烟、咖啡和威士忌补充能量,只在一个多星期后就完成了大纲。每一幕的初稿很快在1月和2月先后完成,奥登也争取了一位所谓"合作者"的帮助,即切斯特·卡尔曼[1]。在一封信中,他称卡尔曼是"我的一位老朋友,我对他的才能抱有最大的信心"。有人不禁会问,奥登为什么认为有必要这样羞答答。卡尔曼在1939年就成了他的恋人,并且两人始终是伴侣关系,一直持续到奥登生命尽头。正是通过歌剧爱好者卡尔曼,奥登极大地扩展了自己对这一体裁的了解和经验。卡尔曼对《浪子的历程》的框架所产生的影响,对它最终取得的成功起到了至关重要的作用,而最终的文本则显露出两位作家共同创作的痕迹。奥登主要写了雷克威尔的词,而卡尔曼完成了安妮部分。约翰·富勒(John Fuller)认为,这部歌剧最终映射了他们共同的生活,"调换了他们在自己情感关系中的角色,而这部歌剧间接体现出了这一点"。[2] 斯特拉文斯基是否察觉到这一点仍然是个谜。

---

[1] Chester Kallman(1921—1975),美国诗人。——译者注
[2] 约翰·富勒,《W. H. 奥登:文稿集注》(*W. H. Auden: A Commentary*, London, 1998), p. 437。

奥登和斯特拉文斯基十分合拍。从许多方面来看，他们的生活都遵循着相似的路径。二人均于1939年抵达美国，二人都自愿离开了饱受战争摧残的欧洲，二人都建立了作为实验性现代主义者的声誉，但后来二人都转向了一种更加形式化和风格化的艺术。就奥登来说，这甚至被人看作是他作品中后现代主义的开端。斯特拉文斯基对奥登感到最"着迷和欣喜"的地方，的确是他的游戏感。斯特拉文斯基后来发现，作诗对奥登来说是一场游戏："他所有与'艺术'相关的谈话，可以说都披着游戏的外衣。"[1] 虽然这一提法最有可能出自克拉夫特，但是这种感觉却属于斯特拉文斯基。他的新古典主义作品主要受秩序化和基于规则的游戏或仪式有关想法支配，因此它们考量的是形式和象征意义。这有助于解释斯特拉文斯基对于前浪漫主义音乐和文化持续不断的认同。在两次战争之间具有开创意义的游戏元素研究中，约翰·赫伊津哈（Johan Huizinga）认为，这种游戏性在18世纪达到了顶峰，它具象化在男性服饰，特别是假发上——"文化中游戏因素最显著的例子之一"。[2] 斯特拉文斯基的穿着打扮总是很有趣，他总是走在时尚前沿，总是在改变自己的面具，这一切都表明他在与时俱进。因此，他就更有理由向"游戏人生"的文字游戏

---

[1] 伊戈尔·斯特拉文斯基，罗伯特·克拉夫特，《回忆与评论》，p. 157。
[2] 约翰·赫伊津哈，《游戏的人：文化的游戏要素研究》（Homo Ludens: A Study of the Play Element in Culture, Boston, MA, 1955; first published in Dutch in 1938），p. 211。

技术大师兼爱好者奥登寻求帮助,让他帮忙赋予霍加斯的画作以生命。在霍加斯的《浪子生涯》中,音乐的演奏和游戏是核心。甚至连婚姻也是一场权宜游戏,一种做戏,一种无厘头行为。在奥登的《浪子的历程》中,"无论好坏,所有人都疯疯癫癫,他们所说或所做皆是戏"。人生是一场游戏。奥登和斯特拉文斯基是20世纪的两位游戏玩家,对于他们来说,这提供了一个能引起共鸣的主题。

斯特拉文斯基和奥登之间的工作关系异常愉快。在很大程度上,这是奥登认识到自己在这一过程中扮演从属角色的结果。在给斯特拉文斯基的第一封信中,他写道,脚本作家的工作是"为了令作曲家满意,而不是相反"。十多年后,奥登仍然若有所思地说,脚本是"写给作曲家的私人信件……就像步兵之于中国将军那样可牺牲"。[1] 当斯特拉文斯基要求改变或增加内容以更好地符合他的音乐目的时,奥登欣然应允。然而,私底下,奥登曾对斯特拉文斯基提议的情节表露过担忧。这部歌剧最终的结构和内容也显露出奥登强有力的影响。斯特拉文斯基的两幕变成了三幕,对白变成了宣叙调,斯特拉文斯基第一幕结尾的"带舞蹈的嬉游曲"变成了奥登在整部作品末尾的"合唱队致辞"(以莫扎特式尾声模样出现)。正是奥登在向王政复辟时期的喜剧致敬,将脚本中的英雄、女孩和恶棍塑造成了

---

[1] 奥登,《"染色工之手"及其他杂文》(*The Dyer's Hand and Other Essays*, London, 1963), p. 473。

汤姆·雷克威尔（Tom Rakewell）、安妮·特鲁拉夫（Anne Trulove）和尼克·夏多（Nick Shadow）。也是奥登融合了霍加斯追寻叙事的不同方面，例如：古典主义田园诗（维纳斯和阿多尼斯）、基督教传说（浮士德）、童话（鹅妈妈、三个愿望）、马戏团（大胡子女人）、圣经（魔鬼引诱耶稣将石头变成面包），以及（在卡尔曼的帮助下）不同表现形式的歌剧。这当然是明智之举。不论这些各式各样的素材能否结合成一个整体，也不论斯特拉文斯基是否全然意识到了这些影射的精妙之处，它们都是另外的话题。

奥登第一次到斯特拉文斯基家里拜访的时候，工作之余，他们抽时间去听了一场莫扎特《女人心》——当时还不是保留剧目——的业余双钢琴演出。因而《浪子的历程》中对于莫扎特的影射引发了许多讨论，斯特拉文斯基本人对这场音乐会的评论推动了这类讨论，尤其是他声称"《浪子的历程》与《女人心》紧密相关"。毫无疑问，莫扎特在初期阶段就在他的脑海中挥之不去，而且在奥登拜访之后，他就要求出版商寄来了1930年代弗里茨·布施（Fritz Busch）在格林德伯恩歌剧院指挥达·彭特[1]歌剧的录音和《魔笛》的乐谱。他还要求找来亨德尔的《弥赛亚》和《以色列人在埃及》，以及（稍晚些）《乞丐歌剧》的乐谱。不意外的是，莫扎特的幽灵在完稿后的《浪子的历程》

---

1 Da Ponte（1749—1938），意大利诗人，歌剧剧本作者，莫扎特歌剧《唐璜》《费加罗的婚礼》《女人心》的词作者。——译者注

中无处不在。开场的田园三重唱,即"树木葱郁"(The woods are green),像莫扎特的许多户外音乐一样开始,缀以莫扎特式的旋律与和声进行。费奥迪莉姬和多拉贝拉在《女人心》中的第一首二重唱"啊,妹妹,你看"(Ah guarda, sorella)很可能就暗藏在表面之下。第三幕的墓地场景让人想起唐璜和指挥官雕像的相遇,而尾声则明显影射了《唐璜》结尾的器乐组。

这一切不免引人推论,《浪子的历程》不过是为资产阶级而作的"摩登斯基"式莫扎特风格作品,他们喜欢被挑战,但不能太过。或者,至少可以说,世界各地的资产阶级观众一直叫嚷着要观看《浪子的历程》的演出,部分原因是他们已经说服自己,在听的是有几个错音的莫扎特。实际上,没有什么能否定这一点,以第一段平平无奇的宣叙调("安妮,亲爱的。——是的,父亲。——厨房需要你的意见。")为例,它采用的是传统的说话式诵读和羽管键琴上一些第一转位和弦。如果光从表面上来理解这种音乐,那么斯特拉文斯基就活该被布列兹圈子猛烈抨击。

但是,和霍加斯的情况一样,斯特拉文斯基的作品中没有什么是它看上去的那样。他已经频繁表明,表象可能具有欺骗性,最近一次是在《C大调交响曲》中。在《浪子的历程》中,也是如此。斯特拉文斯基不是在模仿莫扎特,而是在解剖莫扎特。开场三重唱奠定了这一基调。那个四音下行音型,那些阿尔贝蒂风格伴奏,都是扭曲的莫扎特风格。一些完整的根音位置主音三和弦因缺席而显眼。莫扎特绝对不会，也绝对不可能写出这样的音乐。它的器乐音乐表现方式与歌唱家们显然真诚而富有表现力的旋律线之间并不匹配。"爱不会撒谎"。但音乐却传达了不同的意思，就好像歌唱家们演唱的文字被打上了引号。没有什么值得相信。虽然接下来的（字面意义）厨房水池宣叙调可能只被理解为拼仿，但这部作品作为一个整体所提供的语境却引得听众回过头来质疑它的真诚。这让我们不禁回想起斯特拉文斯基的评论——"《浪子的历程》与《女人心》紧密相关"。反讽是《女人心》的核心，它与我们感知到的真实与虚幻玩着可怕的游戏。如果脱离语境（事实往往如此），那么莫扎特的三重唱"愿风儿轻轻吹"（Soave sia il vento）就会成为所有歌剧分曲中最令人鼻酸的一首，因为这对姐妹在祝愿爱人有段平安的海上旅程。唐·阿方索加了进去，听不出丝毫反讽意味。然而，这是一场骗局，由梅菲斯托式的阿方索精心策划。如此美妙的音乐怎么会欺骗我们？它完全真诚，却在表现一个谎言。音乐拉近了我们与角色之间的距离，但讽刺的是，我们必须保持距离。对待《浪子的历程》，我们也该如此。在《浪子的历程》中，我们面前呈现的也是"有血有肉"的角色吗，还是他们只不过是奥登和斯特拉文斯基的傀儡？这些都不是容易回答的问题，而且这可能就是为什么观看《浪子的历程》，我们感受到的是不安和疏离的原因。

作为整体的《浪子的历程》呈现的不是被改编、拼仿或是重塑的莫扎特，而是疏离的莫扎特。不论怀抱多少怀旧之情，我们都不可能重回莫扎特的"黄金时代"，如汤姆·雷克威尔所想，如他在歌剧一开始自大地宣称那般。莫扎特的时代与斯特拉文斯基和奥登的战后"不确定时代"之间，有着无法逾越的鸿沟。许多人评论说，《浪子的历程》对于斯特拉文斯基来说不同寻常，因为这是一部在第二次世界大战之后不久就完成的作品，它明显与当时世界范围内的事件无关。但是，就像刚完成的《俄耳甫斯》一样，这绝不是为了逃离而躲进古希腊神话或是18世纪喜剧，它的主题和音乐处理都讽喻了个人和集体的遭遇，也清楚表现了一种忧郁的疏离感。俄耳甫斯哀悼着欧律狄刻的死去，渴望与她再次团聚。即便如此，却被迫接受了自己与她疏离的现实。令人惊讶的是，在汤姆生命的最后时刻，在他疯癫的时候，他甚至疏离了自己，相信自己是阿多尼斯。他恰如其分地以一种蒙特威尔第般的方式提到俄耳甫斯："我的心碎了。我感受到了死亡之翼逼近的寒意。俄耳甫斯，用你的里尔琴奏一段优雅的音乐吧……"只有安妮对他不离不弃。

确实，在《浪子的历程》的所有角色中，安妮是看起来最真实的那个，她是唯一一个直到最后都保持真实的人。相比忠诚的安妮，奥登和卡尔曼或许对"大胡子女人"所暗示的同性恋玩笑更感兴趣。但是，斯特拉文斯基不是这样，他为安妮提供了整部歌剧中一些最具表现力的音乐。她的"我走向他"用响亮的高音C结束了第一幕，充满热情，谁能不被感动？然而，即便在这个地方，如果我们被情绪冲昏了头脑，难道不是欺骗自己吗？斯特拉文斯基难道不是又在把玩过去？第三场以木管开始，它是对这部作品开场三重唱引子的改写。这本身就是一种出乎意料的姿态，暗示了一种更大规模的音乐连贯性和戏剧发展，它并不符合这部歌剧公然宣称的分曲结构。而且这段音乐听起来不再像莫扎特。这些附点音型如今是俄罗斯式，而非维也纳式。它可能就是从《管乐交响曲》中照搬了过来。随后的宣叙调—咏叹调—"中间的速度"—卡巴莱塔结构是卡尔曼巧妙模仿19世纪惯用的"罗西尼法则"而来。其中，咏叹调"静静地，夜晚"的音乐是巴赫和威尔第的奇怪结合，卡巴莱塔"我走向他"混合了莫扎特式优雅旋律与多尼采蒂充满活力的管弦乐。那么，听众应该怎么理解呢？尽管安妮的旋律富有感染力，但是这些指向这么多不同方向的音乐影射看起来削弱了它们的情感，拉开了这一角色与我们之间的距离。连斯特拉文斯基的文本配乐（自他"令人欣喜的发现"以来，经常如此）都与这门语言的自然韵律相冲突，突出了作为文字的文字和作为游戏的文字的效果。安妮的情感被加了引号。而且事实证明，就连最后的美声高音C都是奥登的主意，被配在了"心"字上，它是由斯特拉文斯基在最后阶段为了让他的文学合作者们（毫无疑问,还有他首演当晚的意大利听众)开心而加上。又是一场游戏。

那么,《浪子的历程》是否就像脚本宣称的那样,只是一个寓言,只是一出以《狐狸》的方式供人消遣和娱乐的表演?从某个层面上来讲,是的。这些角色都像硬纸板图样,这一点在大卫·霍克尼(David Hockney)1975年为格林德伯恩歌剧院设计的一版经常复演的霍加斯式布景和服装中被巧妙表现了出来。但《狐狸》和《浪子的历程》之间也有重大区别。《狐狸》的距离化技巧直截了当,不是《浪子的历程》这种方式。从音乐上来看,这部歌剧随着剧情的展开而变得愈加黑暗,愈加严肃,以至于有人可能会认为,斯特拉文斯基在允许每个角色在各自情境下产生的情感逐渐与听众产生共鸣。我们越深入这部作品,开场的拼仿音乐就变得越来越不明显,越来越复杂。但是,即使是最动人的音乐,如果采用一种近乎布莱希特式的风格,它也会遭到破坏,让人难以对任何角色产生同情。我们关心安妮和汤姆吗?我们被汤姆的死打动了吗?很可能没有。斯特拉文斯基关心他们吗?这是一个更难回答的问题。尾声虽然采用了斯特拉文斯基常常所需的一种形式上的结尾框架,但也撤销了此前发生的一切,仿佛斯特拉文斯基在说"开个玩笑而已"。这部作品的道德寓意,即无所事事易作恶,显得空洞无力,在一部写于可怕战争阴影之下的作品中尤其如此。它的尾声分散了我们的注意力,相比离开

1975年,大卫·霍克尼为格林德伯恩歌剧院设计的
《浪子的历程》中最后的"疯人院"场景。

观众席,思考汤姆的命运,我们只会带着脸上的微笑和脑中的旋律匆匆赶往酒吧。

1948年7月,在创作《浪子的历程》的过程中,斯特拉文斯基登上了《时代》杂志封面,这确定了他作为一位美国名人的新身份。他曾在《自传》中对音乐表现产生过错觉,《时代》与之遥相呼应,宣称:

> 斯特拉文斯基如今最不想做的,就是诉诸感官。他已经开始厌恶大多数19世纪浪漫主义作曲家,除了柴可夫斯基和贝多芬……他将瓦格纳和他的"英雄式硬件"视作"无耻的感官性"。

这是斯特拉文斯基受官方认可的形象。然而,就在同一时刻,他却在透过《浪子的历程》中自己佩戴的许多面具之间的缝隙窥视,直接诉诸感官。安妮民歌般的摇篮曲虽然是以维纳斯的名义被演唱,但它的简洁性深入人心。她和父亲的结尾二重唱("每一副疲倦的身躯都必须/迟早回归尘土")将我们带向了一种忧伤的俄罗斯景观。在整部歌剧中,安妮用文字和音乐唤起了一种田园风格。这种田园风格既不是破坏性的(如《春之祭》),也非救赎性的(如瓦格纳的"英雄式硬件")。相反,它表现的是一种对于已经失去的或是想象中的世界的伤感怀旧。流亡者斯特拉文斯基与安妮产生了共鸣。或许这种说法并不牵强,即在安妮那简单且不可否认具有表现力的音乐中,斯特拉文斯基也投入了他对忠诚的爱人薇拉的情感,就像他在《珀尔塞福涅》中处理"在这床上"的方式。

最终,斯特拉文斯基与薇拉一起在美国永久定居,他很高兴,尽管这种快乐不可避免地染上了一丝失落。这部作品的尾声把这一切都远远地撇到了一边。或许斯特拉文斯基只是对这种情感流露感到尴尬,他一生都谨小慎微地对待自己在公开场合的行为,尽量避免公开任何私人事宜。他希望观众相信,情感表达也不过是另一张面具。所以,在某种程度上,就像剧中芭芭所说,《浪子的历程》是一部与戏剧有关的戏剧,一部与歌剧有关的歌剧。但是,在另一个层面上,《浪子的历程》展示的自身很大程度上是所处时间和空间的产物。对于奥登来说，它是一种讽刺性评论，针对的是空洞的无节制资本主义和虚妄的无责任感自由。通过精心打磨且具有趣味性的无目的性，斯特拉文斯基与之作了呼应。然而，它的意义远不止此，这部作品不仅仅是一场使用了歌剧史上许多音乐理念的早期后现代游戏。在新大陆，斯特拉文斯基终于仿佛有了全面审视自己生活的机会。《浪子的历程》变成了一种对晚期现代世界的讽喻。两次世界大战已经摧毁了对于文明社会的任何乌托邦式幻想。"黄金时代"只有一些碎片留了下来，它们是一些再也无法粘合的碎块，就像拍卖行里雷克威尔生活中一些互不相关的物品，粉碎了与事物原本样子相关的记忆。音乐屡次尝试着拼凑起一切，都是白费功夫，最引人注目的就是安妮音乐中带变化的重复。但是，它失败了。这部作品结尾忧郁的田园风光式景观明确了这一点。流离失所、疏离的晚期现代人在悼念失去的完整性和纯真。斯维特兰娜·博伊姆（Svetlana Boym）认为，"现代性怀旧哀悼的是神话式回归的不可能性和一个已经失去的神秘世界"。[1] 就像在《俄耳甫斯》（在这方面可以被看作《浪子的历程》的悲剧性补充材料）中，这无疑是斯特拉文斯基的悲歌，为他流亡的一生，为他的妻离子散和流离失所？因此，它为他给过去画上了句号。但是，在允许安妮短暂表达情感时，

---

[1] 斯维特兰娜·博伊姆，《怀旧的未来》（*The Future of Nostalgia*，New York, 2001），p. 8。

斯特拉文斯基也在寻求一种崭新未来的可能性。这部作品的喜剧性结尾几乎不能掩盖这一点。这就难怪《浪子的历程》让斯特拉文斯基精疲力竭了。

10. 危机与出路

1952 年 3 月 8 日，加利福尼亚，莫哈韦沙漠。洛杉矶以北约 100 公里。罗伯特·克拉夫特坐在驾驶座上。那是一个周六下午，他驱车送斯特拉文斯基夫妇回家。他们去了一趟棕榈谷，在当地一家小餐馆共进午餐，美国荒野西部撞见了老欧洲：牛仔风肋排就着斯特拉文斯基随身带在膳魔师扁酒瓶中的波尔多酒下了肚。天空中飘着雪，而且随着他们驶入将沙漠与洛杉矶分开的圣盖博山脉，地上开始积雪。三人的谈话突然变得寒气逼人。斯特拉文斯基的双眼慢慢地噙满了泪水，如鲠在喉。他说："我恐怕再也无法作曲了。《浪子的历程》会是我最后一部作品。我不知道该怎么办。"他意识到自己陷入了某种创作瓶颈。他崩溃了，泪如雨下。薇拉握着他的手，就像她此前在许多场合做的那样，温柔地安慰他。她轻声说："一切都会过去的，伊戈尔。"无论斯特拉文斯基此刻遭遇了什么困难，她坚信他终会找到解决办法。

斯特拉文斯基这次情绪爆发的原因是什么,以及他到底说了些什么,可能永远不会为人所知。薇拉和克拉夫特是仅有的目击者。斯特拉文斯基此前从未以这种方式表露过情感,更不用说大哭。在眼泪是不是真的流了出来这件事上,就连克拉夫特的各个故事版本也不尽相同。但可以肯定的是,这是斯特拉文斯基人生的重要转折点。他害怕自己在原创性方面才思枯竭,这千真万确。许久之后,他反思这次危机,对克拉夫特说,它是"由我在写作《浪子的历程》所处特殊环境的自然变化引发……我无法以同样的方式继续,无法为《浪子的历程》创作续篇,原本我肯定不得不写"。

斯特拉文斯基心头还装着另一件让他忧虑的事情。对他来说,走在时尚前沿一直很重要。但在最近的欧洲长途之旅中,他惊讶地发现许多年轻些的作曲家都觉得他是"土老帽"。在1920、30年代被认为现代且时髦的"新古典主义",如今被认为背离了现代主义的先进价值体系。奥利维尔·梅西安比斯特拉文斯基年轻25岁,他谴责新古典主义作曲家"将他们的作品放置在一种愚弄公众耳朵的现代酱料周边,让公众以为听到了'现代'音乐"。他形容斯特拉文斯基的《阿波罗》"就像吕利的一首有几个错误低音的曲子"。他曾说"我钦佩斯特拉文斯基"——这一点当然反映在他在巴黎音乐学院课上展示的斯特拉文斯基早期作品分析中,"但我相信《春之祭》标志着他天才的顶峰"。

战后那一代欧洲先锋派作曲家大多师从梅西安,他们认为斯特拉文斯基无可救药,认为他在音乐中回望过去难以忍受。皮埃尔·布列兹后来写道,斯特拉文斯基"为历史所累"。"青年土耳其党人"希望摆脱过去,过去于他们而言已经被严重玷污——对于那些经历过纳粹统治的人(如布列兹)来说,必然如此。他们以极大的决心宣扬着自己的先锋资历。斯特拉文斯基的新古典音乐成了他们宣泄愤怒的一个特定焦点。1945 年,这位从梅西安课堂上走出来的愤怒年轻人有组织地大声扰乱了巴黎斯特拉文斯基音乐节音乐会。最知名的事件是在《挪威风格曲四首》(作于 1942 年)的法国首演上大喊大叫,还拉响了警笛。斯特拉文斯基代表的是过去,不是未来。

在这场危机中,还有另一位参与者,他锋芒初露,斯特拉文斯基也开始注意到他,阿诺德·勋伯格。勋伯格也是洛杉矶的一位移民,然而在同在这座城市的时间里,两人从来没有公开或私下交流过一个字。1912 年,他们在柏林首次见面,当时斯特拉文斯基表露了他对《月迷彼埃罗》的喜爱,勋伯格同样也表达了对《彼得鲁什卡》的欣赏。但是,这些年来,两人之间的敌意与日俱增。斯特拉文斯基曾经这样描述序列主义时期的勋伯格,他"更多是一位音乐化学家,而非一位艺术创造者";勋伯格方面则对斯特拉文斯基的新古典主义招牌不屑一顾。其他人则维持了两人在意识形态和美学上的对立局面,它由卢里耶开始于

1926 年,由阿多诺在 1940 年代以《新音乐哲学》(*Philosophy of New Music*)之名发表的两篇关于这两位作曲家的文章接棒,颇具影响力。然而,即便如此,这两位音乐现代主义巨人之间有着更多相似之处,比他们任何一个愿意承认的都更多。1951 年,勋伯格的去世让斯特拉文斯基深受触动,他一听到消息就立刻给勋伯格的遗孀发了一份电报,表达了他的深切哀思。他想过参加葬礼,但又决定不那样做,以防他的出席被错误解读出讽刺意味。

整整四十年,斯特拉文斯基一直认为勋伯格的音乐不过是浪漫主义,不过是实验,不过是理论,不值一提。但是,在这位维也纳作曲家的逝世之外,还有一个原因让斯特拉文斯基重燃对他的兴趣。在美国推广和指挥第二维也纳乐派音乐这件事情上,克拉夫特当时起着举足轻重的作用。这种音乐鲜为人知,在学院派之外也鲜少被演奏。1950 年 7 月,为了讨论一些演出相关问题,他曾经在勋伯格位于布伦特伍德公园的家中拜访过他。(两人谁也没有在该场合提起斯特拉文斯基的名字。)勋伯格显然对这位年轻指挥家印象深刻,也对他的关注感到荣幸。在日记里,克拉夫特骄傲地记录了勋伯格在 1951 年写给指挥弗里茨·斯蒂德里(Fritz Stiedry)及其妻子的一封信:"我年轻的朋友克拉夫特先生正在通过频繁演奏我的音乐而慢慢让他自己深入到我的音乐之中,他最后会取得成功。我乐意看到我的所有朋友都能鼓励克拉夫特这样的人。"1952 年初,克拉夫特指挥了一系列勋伯格纪念音乐会，其中包括《七重奏组曲》（Op. 29）和韦伯恩的《四重奏》（Op. 22）。斯特拉文斯基参加了所有排练。这些作品显然给斯特拉文斯基留下了强烈印象，而且据克拉夫特说，斯特拉文斯基曾在棕榈谷情绪崩溃期间表示想更多地了解这首《七重奏》。这就是斯特拉文斯基一直在寻找的刺激物，将为他提供走出这场危机的出路。从这一刻起，在余下的十五年创作生涯中，他将致力于研究他在勋伯格、韦伯恩等人作品中发现的序列主义和十二音体系，并且在其中留下让人无法仿效的个人印记。

克拉夫特坚持说，如果没有他的斡旋，斯特拉文斯基晚期这些伟大作品就不会出现。显然，要向斯特拉文斯基介绍序列主义，克拉夫特处在独一无二的好位置。当然，克拉夫特并不是第一个给斯特拉文斯基灌输一些他此前无相关经验的想法和素材的人，但他会像喜鹊一样抓取这些东西，并让它们属于他自己。通过克拉夫特，斯特拉文斯基也将发现一些当时还鲜为人知的文艺复兴和巴洛克人物，比如杰苏阿尔多[1]。他将在《三首圣歌》（1957—1959）和《纪念韦诺萨的杰苏阿尔多》（1960）中通过完成、改编和重写杰苏阿尔多的音乐来向他致敬。而且他晚期作品的其他地方也能发现这些人的痕迹。但是，如往常一样，斯特

---

[1] Carlo Gesauldo（1561—1613），意大利贵族，文艺复兴晚期作曲家。——译者注

拉文斯基在这些新发现中看到了自己。这些借用，这种回望过去，这种由序列手法赋予的秩序和程式，这种想抓取和重塑的盗窃癖冲动，所有这些都是斯特拉文斯基音乐中令人熟悉的方面。这从来不是为了削弱他晚期作品的新意。毕竟，它们诞生自一种渴望，即在他的新作品被年轻人无视的世界里，重申他现代主义者的形象。但是，不论使用什么材料，不管使用什么方法，斯特拉文斯基式的"态度"一直都在。如果没有经由克拉夫特再次遇到第二维也纳乐派，我们不知道斯特拉文斯基的音乐会走向何处。但是，还有一种情况是，在他1940年代的音乐中，甚至在《浪子的历程》中，已经有证据表明一种更曲高和寡的晚期风格趋势，即一种对于卡农式写作和叠句结构的痴迷将成为他1952年后音乐中越来越突出的特征。一位顶尖作曲家在创作生涯晚年竟然在方法和语言上进行了如此彻底的转变，这是一种非同寻常且前所未有的现象。从这一刻开始，在每一部新作品中，斯特拉文斯基都会进行某种新实验。斯特拉文斯基的"序列"遗产跟他的"新古典主义"遗产一样多元。

1947年，斯特拉文斯基广泛借鉴了18世纪的维也纳音乐，将其作为《浪子的历程》中自己歌剧个人风格的主要素材来源。如今，在1952年，出于创作目的，斯特拉文斯基开始大范围借鉴更近代的维也纳音乐，将他在勋伯格身上发现的东西融进了自己确立已久的创作方式。

从 1951 年中期开始,斯特拉文斯基已经在创作一部直接源自他与奥登合作《浪子的历程》经历的作品。奥登当时刚出版了五卷本选集《英语诗人》(*Poets of the English Language*),并把它当作礼物送给了斯特拉文斯基。斯特拉文斯基的注意力被"佚名作者歌词和歌曲"部分吸引,并且从中挑选了四篇歌词,创作了为女高音和男高音独唱、女声合唱团以及一个缩减合奏组(由两支长笛、两支双簧管和一把大提琴组成)而作的《康塔塔》。斯特拉文斯基在奥登的指导下选择了文本,并首先为《少女们来了》(The maidens came)进行配乐。通过引用"伟大而著名的伊丽莎白,我们的女王殿下"等内容,歌词自身牢牢扎根于所处历史时代。鉴于斯特拉文斯基日益熟悉文艺复兴和巴洛克音乐,这一定引起了他的共鸣。的确,这类音乐的痕迹可以在这首作品中清楚地听到,其中最明显的是人声配乐中的普塞尔风格"苏格兰促音"(Scotch snap)节奏和通过倒影巧妙写作的严格卡农。简洁是整首歌曲的特征。

1951 年 9 月 11 日,斯特拉文斯基为了《浪子的历程》在威尼斯的首演,以胜利者的姿态回到了欧洲(自 1939 年以来,第一次访问),紧随其后的是一轮漫长的音乐会巡演,《康塔塔》的创作因此搁置。直到来年 2 月,他才重新捡起《英语诗人》,开始为表露忧伤情绪的《西风啊,你何时吹拂》(Westron wynde)配乐,这首诗或许非常贴合他当时的心境。在急切的大提琴伴奏下,它最终听起来像是

《浪子的历程》后头某个被删除场景中为安妮和汤姆写作的一首焦虑不安的二重唱。但是，斯特拉文斯基已经意识到，他无法继续以这种方式进行创作。这一突破伴随着为男高音配乐的"明天将是我的舞蹈日"（Tomorrow shall be my dancing day）出现，它最后变成了《康塔塔》中长大的核心部分。它被称作"利切卡尔"（Ricecar），这是一个显然回望了巴赫及其先辈的标题。斯特拉文斯基创作了一首精妙的对位练习。其中，这首 16 世纪颂歌十一个诗节中的每一个都采用了卡农形式，它们就像在诗歌中一样，被一个以巴洛克的方式标记为"利多奈罗"的叠句分开。这些卡农基于一条十一音旋律写成，它使用了仅仅六个不同音高，出现在开头的长笛和大提琴声部。男高音随后唱出这一"序列"的四种紧密相关的形式，也就是一开始的基础顺序，之后的倒序（用勋伯格术语的话说，是"逆行"，或是像斯特拉文斯基以中世纪的方式称它是"旋律倒奏"），然后是上下颠倒（"倒影"），最后是上下颠倒的倒序（"倒影逆行"）。它被呈现为一首"坎蒂莱纳"，呼应着《浪子的历程》中的人声演唱方式，这或许是下意识地受到"真爱"一词的启发。在下方，几件乐器持续演奏着基于五度音程的和声。虽然卡农逐渐复杂了起来，但是作为整体的"利切卡尔"维持着一种平静的情绪，也保持在一个调上。

斯特拉文斯基没有对自己的创作理念讳莫如深。不同寻常的是，为了 1952 年 11 月的首演，他发表了一份详细的曲目说明，分析了这个乐章的"序列"结构。更不寻常的是，这些分析性的评注被保留在了出版的总谱中，揭示了贯穿"利切卡尔 II"卡农主题的排列方式。为何斯特拉文斯基认为有必要以这样的方式明确这一点，有必要扮演自己的辩护者（即使文本很有可能是由克拉夫特完成）？真相一定在于他不仅渴望借鉴勋伯格和韦伯恩的创作实践，而且渴望被公开、大范围地看到他正在这么做。1951 年，在一篇题为"勋伯格已死"的文章中，布列兹已经宣告："自维也纳乐派的发现以来，所有非序列作曲家都**一无是处**"。在出自《四首节奏练习曲》且颇具影响力的"时值与力度的模式"（1949）中，梅西安也开始以自己的方式进行一些类序列结构试验。1952 年 5 月 7 日，斯特拉文斯基在巴黎参加了布列兹《结构 Ia》的一场演出，这是一部为两架钢琴而作的里程碑式激进整体序列作品，由布列兹和梅西安演奏。对于这位资深作曲家来说，这场演出的场地，也就是香榭丽舍剧院，所象征的革命意义再明显不过。对于斯特拉文斯基而言，在那个时刻，音乐的未来似乎就在这个地方。但是，即便 70 岁了，他也不愿意被归到"一无是处"一类。因此，这部《康塔塔》和围绕它的评论，变成了他自己激进意向的声明。

因此，有趣的是，斯特拉文斯基在 1952 年 3 月 4 日完成了《明天将是我的舞蹈日》的创作，这是传闻中他在加利福尼亚沙漠那场情绪崩溃四天前。我们没有办法听信克拉夫特与这个故事有关的一面之词。但是，我们不得不在精神上假定它真实，即便它的主要目的是为了把讲故事的人直接写进斯特拉文斯基的作曲发展历程。那么，我们该如何解读该事件呢？它似乎表明，斯特拉文斯基并不认为他借鉴这些维也纳作曲技法的关键方面本身产生了任何特别具有前瞻性的东西。相反，我们可以认为，勋伯格如今已经去世，这只不过是又一次新古典主义举动，在回望着过去。当然，由此产生的音乐似乎与两次战争之间的斯特拉文斯基并无不同，尤其是那些更对位化的例子。它仍然保有斯特拉文斯基对调性的鲜明态度，这在过去三十年的许多作品中很常见。这不是他希望用来与布列兹这一代年轻作曲家对话的那种激进新音乐。只是事后看来，它似乎是一个小而意义重大的步子，其意义会在他后来的作品中得以体现。

那么这部《康塔塔》具有何种表现性格呢？显然，奥登在将斯特拉文斯基推向这些文字方面起到了关键作用，而且这个项目在某些方面是他们成功合作《浪子的历程》的延续。在曲目说明中，斯特拉文斯基声称，他"被一种强烈的渴望驱使，想创作另一部作品，其中为英语文字配乐的问题会再次出现，但这次采用的是以一种更纯粹的非戏剧性形式"。他写道，自己被所选诗节吸引，"不仅是因为它们非凡的美和引人入胜的音节划分，也因为它们暗示了音乐结构的组织方式。"（这不禁让人想起他的评论：《阿波罗》的"真正主题"是它的"诗律"。)还有什么比一种序列主义回应更构成主义呢?所有这些都符合听众对斯特拉文斯基的期望,把他与文本的一切潜在含义隔离了开来——当然,部分原因是他的英语依旧不是太好,而且无论如何,有证据表明他对这门古老的语言知之甚少。就像《俄狄浦斯王》和《诗篇交响曲》中的拉丁文,15世纪的英语只不过是他用来玩游戏的另一种遥远且僵死的语言。这种与美、纯粹和建构有关的修辞同《音乐诗学》等地方宣称的阿波罗式客观性宣言如出一辙。

然而,虽然他可能没有理解所有文本细节,但肯定已经认出其中直接引他共鸣的哀歌性格。确实,《守灵挽歌》(Lyke-wake dirge)诗节中的忧伤牧歌遍布整首《康塔塔》,它显然是俄耳甫斯和安妮哀歌的延续。这种哀歌会经常出现在斯特拉文斯基的晚期音乐中:在写给已故亲朋好友的悼歌中(包括狄兰·托马斯、菲茨藤贝格的马克斯·埃贡王子[Prince Max Egon zu Fürstenberg]、约翰·肯尼迪总统、阿道司·赫胥黎、T. S. 艾略特),在他最后一部杰作《安魂圣歌》中。这种哀歌变成了斯特拉文斯基晚期风格的标志。或许,哀歌一直是他音乐的一部分,它如今占据了核心位置。

《康塔塔》中还有另一段文字,斯特拉文斯基肯定捕捉到了它的性格。无论是在首演期间,还是在之后,当然还有别人注意到了它。无论这段文字的基督教起源和长达几个世纪的历史是什么,选择为"明天将是我的舞蹈日"中耶稣的话进行配乐,至少表明作曲家在纳粹大屠杀后短短几年里的粗心大意,歌词宣称:

> 犹太人对我提起重大诉讼,
> 并与我发生了激烈争执;
> 因为他们爱黑暗而非光明……

在《康塔塔》首演时,观众中有一个人是波兰钢琴家雅各布·金佩尔(Jakob Gimpel),他可是阿尔班·贝尔格的学生,在1938年逃离了欧洲,前往纽约,后来在洛杉矶定居。他给《洛杉矶每日新闻》写了一封信,表达了自己感受到的震惊和冒犯:"我痛斥任何反映出某种偏执且狭隘视角的作品。"作为一位音乐家,他尤其感到痛心的是这位"伟大作曲家"竟然如此有失身份。几周后,这部作品的东海岸首演登上了犹太人的《大会周刊》(*Congress Weekly*)头条:《仇恨的歌词》。

斯特拉文斯基选择这一文本的目的,并不是挑起仇恨,但这仍不能掩盖这一令人不快且无可争议的事实,即他可以将反犹主义纳入他那令人生厌的性格缺陷目录,其中包括吝啬、残忍、恶意、傲慢、拈花惹草、扯谎和见钱眼开。这或许可以很好地解释他对歌词含义不敏感的原因:他生性就不注意。俄罗斯、波兰和东欧其他地方针对犹太人的大屠杀和驱逐与斯特拉文斯基本人年纪一般久远。对犹太人的敌意,遍布白俄所在之地。从这方面来看,斯特拉文斯基的反犹观点并不罕见,而且也可能受到那些与他交往的人的影响——其中以佳吉列夫为最。然而,这一语境并不能成为他这种态度的借口。塔拉斯金详尽探讨过反犹分子斯特拉文斯基的相关证据,揭露了隐藏在信件和私人谈话中的仇恨言论。[1] 斯特拉文斯基强烈的反布尔什维克主义与这样一种信念密不可分,即共产主义是一场犹太人带来的瘟疫,它因而是"非俄罗斯的"。1930 年,在罗马,他公然宣称对墨索里尼的崇敬,两次与这位独裁者会面——虽然是在法西斯主义给欧洲带来的灾难变得明了之前许久。通过向纳粹当局确认自己高贵的雅利安(即非犹太人)血统,他对于自己入选 1938 年杜塞尔多夫"堕落音乐"展览名单提出了反对意见。他不是纳粹支持者,但在很长一段时间里,他故意对正在德国发生的事情视而不见,这在一定程度上是自私机会主义的表现,因为他依赖来自德国的演出收入。而且,像许多欠考虑的种族主义者一样,他笼统的反犹主义并不妨碍他尊敬和爱戴个别犹太人朋友和家庭。在一些带有种族主义刻板印象且令人不快的私下交流之外,他和同样反犹的妻子凯瑟琳都喜欢身为诗人的女婿尤里·曼德尔施塔姆(Yuri Mandelstam)。1935 年,

---

[1] 理查德·塔拉斯金,《斯特拉文斯基与次人》(Stravinsky and the Subhuman, in *Defining Russia Musically*, Princeton, NJ, 1997, pp. 454—460)。

就在尤里受洗加入俄罗斯东正教数周之后,柳德米拉嫁给了他。(1941年,尤里在巴黎被盖世太保逮捕,并被关押至波兰的一个集中营,1943年在那里身亡。似乎找不到斯特拉文斯基对他的亡故作出反应的记录。)许多年来,斯特拉文斯基一直与小提琴家萨缪尔·杜希金交往甚密,与他一起进行过漫长的巡演。斯特拉文斯基甚至刻印了一份《康塔塔》总谱副本给指挥家奥托·克伦佩勒,他是斯特拉文斯基的朋友和拥护者,有一段时间住在洛杉矶,也是纳粹难民,斯特拉文斯基显然无意冒犯他。虽然令人憎恶,但是斯特拉文斯基的反犹主义情绪零散细碎,终究是愚蠢和轻率多过恶意。然而,对于他曾经的亲密的友人香奈儿和利法尔来说,情况却并非如此,他们在整个二战时期一直在巴黎工作,走上了通敌之路。如果是出于获得演出机会的自私动机,甚至他儿子苏利马的一些活动也颇具争议。斯特拉文斯基可能没有注意到"明天将是我的舞蹈日"中的冒犯性文字,因为他对其他人的指控表示震惊。但是,没有任何"美"和"音乐结构"修辞能够掩饰隐藏在这背后的丑陋。

几乎一完成这部《康塔塔》,斯特拉文斯基就开始创作他的下一部作品《七重奏》,这表明他更直接地进入了由克拉夫特带他深入了解的勋伯格《七重奏》组曲所在领域,这部作品不仅在配器方面与勋伯格的作品相似,也为末乐章选择了吉格舞曲这一巴洛克体裁,而且它三个乐章中的每一个都持续采用了序列主义技法的某些根本方面。然而，这部作品与他较早时期的创作实践之间也明显有一脉相承之处。它的奏鸣曲—快板第一乐章与那些调性集中且重新思考了巴赫式对位的新古典主义作品一脉相承，例如《八重奏》、《奏鸣曲》和《"敦巴顿橡树"协奏曲》。听起来，第二乐章中的低音音型及其处理源自巴赫不朽的《C小调帕萨卡利亚与赋格》，但该乐章主题与众不同的呈现方式（一种"音响色彩旋律"，轮流由所有七件乐器演奏，伴有"表现主义式的"宽音程跳进）也表明了斯特拉文斯基对韦伯恩的熟悉程度，韦伯恩的作品1号是一首管弦乐《帕萨卡利亚》，而且他对巴赫《音乐的奉献》中的六声部"利切卡尔"进行的改编肯定也对斯特拉文斯基写作自己的"帕萨卡利亚"产生了影响。结尾的"吉格"是一首高度装饰化的对位作品：总共四段赋格，基于源自"帕萨卡利亚"主题中的八音主题音型，它以倒影和逆行的方式被处理，而且乐谱上标示了它们的不同形式。这不禁让人再次感到困惑，他到底是在为谁提供这样一种分析性注释。毫无疑问，斯特拉文斯基打算用它们来宣示自己的序列音乐资历，但是同样地，人们或许会认为，它们展示的是他对自己作曲方法所感受到的不安。它们宣示着秩序，更重要的是，这是一种激进的秩序——尽管如许多评论家所言，这样的"序列"形式在巴赫的作品中也能够找到。因此，结尾两个明显回望性弦乐和弦的出现让人感到意外：它们提供的是一种老式收束姿态,但是空洞,它是一个带有引号的终止。突然间,音乐看似在从未来回撤,回望着《俄耳甫斯》的最后几个和弦。此处,这种不在预期的停滞给激烈的对位运动增添了一种奇怪且近乎俄耳甫斯式的忧郁氛围。这是一个神秘的时刻,令人感到熟悉,却又格格不入。它进一步强化了对于斯特拉文斯基选择的新方向感到的脆弱和不确定。一如往常地,这位流亡者忍不住焦虑不安了起来。泪水噙满了斯特拉文斯基的双眼,就像在莫哈韦沙漠中那样。

11. 一位现代世界公民

1948年7月26日,加利福尼亚州,洛杉矶,北威瑟利大道1260号。斯特拉文斯基家坐落在一个小山坡上,简朴,以鲜花为栏,俯瞰着好莱坞著名的日落大道。拥挤却一尘不染的工作室里,他正在作曲。斯特拉文斯基经常坐在洒满阳光的红砖凉廊上吃早餐,几乎全裸(薇拉说他"不光经常只穿内裤,还经常只裹着一条方巾之类的东西")。随后,他会穿戴好,一头扎进工作室,在一张像是属于建筑师的桌子旁埋头苦干,桌上放有一排排美术橡皮擦——每一块都整齐地贴着标签,几托盘钢笔、铅笔,不同颜色和种类的墨水。在这间狭小的房间里,他有两架钢琴,一架三角和一架立式。几面墙上贴满了芭蕾节目单、芭蕾舞场景草图,由他的朋友毕加索和科克托为他本人画的像,还有长子西奥多画的两幅大型油画。在工作室与明亮、通风而现代的客厅之间,有两道门。薇拉说:"当两道门都关着的时候,谁都进不去。当

1956 年左右，在好莱坞工作室中的作曲家

只有工作室那道门关着的时候，我能够进去，但只有我。"这间房是隔音的。斯特拉文斯基说："我不能在别人能听到我说话的地方工作。"在个人习惯方面，他就像自己的手写谱一样整洁——过分讲究。小口嘬着高杯酒的朋友有时会发现，他在有条不紊地擦拭酒杯在桌上留下的圆形水渍。他喜欢以特定的方式调制自己的酒水。在将酒递给他之前，薇拉会按照他喜欢的比例精确调制他的苏格兰高杯酒。[1]

这就是斯特拉文斯基在比弗利山庄的生活。但是，无论他在哪里创作，无论他的桌子和钢琴在哪里落脚，无论是避暑别墅、临时住所还是固定的家，情况向来如此。他

---

[1] 据一篇题为"技工大师"（Master Mechanic）的报道（无作者署名），《时代》周刊，1948 年 7 月 26 日，pp. 26—29。

在中转和流亡——在火车、轮船和（后来的）飞机上横跨欧洲和美国——中度过一生，这种生活在安稳的工作室中找到了平衡。科克托认为，斯特拉文斯基从他的老师那里继承了这些守序的习惯。"在里姆斯基的桌子上，墨水瓶、笔架和尺子都透露出他如官僚一般刻板有序。斯特拉文斯基的秩序感让人害怕。它让人想起外科医生的工具箱。"对于音乐秩序的渴望（如此频繁地展现）也表现在作曲家的职业日常中。

> 在各落脚地见到的斯特拉文斯基，如莫尔日、莱森或是巴黎普莱耶尔厂房楼上的房间里，就像是看到一只缩在壳里的动物。钢琴、鼓、节拍器、钹、美式卷笔刀、书桌、各种各样的鼓仿佛是他身体的延展。它们就像飞行员的装备，或是我们在电影院看到被放大无数倍的交配期昆虫的肢腿。[1]

克拉夫特在描述作曲家的洛杉矶工作室时，重复了这一外科手术比喻：

> 伊戈尔·斯特拉文斯基在早餐前会做将近一个小时运动，包括十五分钟哈达瑜伽倒立。他的早餐包括浓缩咖啡和两个

---

[1] 让·科克托，《斯特拉文斯基：快报》(Stravinsky Stop-Press, 1924 appendix to Cock and Harlequin, in Cocteau, *A Call to Order*, trans. Rollo H. Myers, New York, 1974, pp. 61—62)。

一口吞下的生鸡蛋。之后,他带我去了他的"至圣所",还演奏了他的《弥撒》和《浪子的历程》第一场中已经完成的部分。他的钢琴是一架音响劣质而且走音的立式钢琴,使用的是毛毡阻尼。一块胶合板粘在了它的谱架上,上头别着一些四开大小的厚马尼拉纸条。所有的五线谱都是由他的铁笔画就[即自创的"斯特拉韦戈"(Stravigor),一种可调节的轮式五线耙型笔,斯特拉文斯基曾在1911年试图为它申请专利,也是用它画的乐谱]。在钢琴的一侧,是一个外科医生的那种操作台……[1948年7月31日][1]

正是在这种有序的环境中,斯特拉文斯基写就了外观最具秩序感的音乐。1952年末,他告诉《纽约先驱论坛报》:"我对这位十二音人士所推崇的纪律无比尊重。它是一种你在别处找不到的纪律。"

罗伯特·克拉夫特的见证在本书被频繁引用,这是一份意义非凡的记录。克拉夫特毕业于茱莉亚音乐学院,自12岁起就是斯特拉文斯基音乐的仰慕者。两人在1944年开始通信,最后于1948年3月31日在华盛顿特区雅致的拉利酒店(Raleigh Hotel)见了面,也是在同一时间,奥登送来了《浪子的历程》的完整脚本。克拉夫特显然给斯特拉文斯基留下了好印象,尽管他自己回忆说,当时紧张到

---

[1] 罗伯特·克拉夫特,《斯特拉文斯基:友谊纪事》,p. 9。

说不出话来，这不让人意外。到了7月30日，他已经跟斯特拉文斯基夫妇一起住进了北威瑟利大道，而且从那以后跟他们待在一起的时间越来越长。1949年，斯特拉文斯基邀请克拉夫特到加利福尼亚跟他一起过夏天，以便为他刚从巴黎寄来的手稿进行整理和编目，这些手稿在战前留在了巴黎。克拉夫特也就奥登为《浪子的历程》创作的文本给作曲家提过意见，为他大声朗读"他正要配乐的咏叹调、宣叙调或是合唱歌词的字句，一遍又一遍，而且是以不同速度"。从那时起，直到二十多年后作曲家去世，克拉夫特一直是斯特拉文斯基的阿卡忒斯——他以维吉尔《埃涅伊德》中埃涅阿斯最忠实的朋友之名称呼自己，几乎一直陪伴在作曲家左右，与作曲家、作曲家的妻子和他们的许多知名访客一起住在作曲家家里和酒店套房。无论是工作还是社交场合，斯特拉文斯基晚年几乎没有一张照片里没有克拉夫特的身影。到最后，克拉夫特跟斯特拉文斯基之间的关系，比斯特拉文斯基跟他任何一个孩子都要更亲密。甚至可以说，鉴于他们之间异常亲密的音乐关系，克拉夫特在接触作曲家方面，有着连作曲家的妻子都及不上的机会。

比弗利山庄的这种三角关系是一种不同寻常的现象。对此有过许多论述，还有更多猜测。最重要的是，克拉夫特出现在斯特拉文斯基一家身边这件事，为他（也因此为我们）了解作曲家晚年生活的细节提供了前所未有的机会。

斯特拉文斯基的日常安排，他的作曲习惯，一些谈话，所有这些都被克拉夫特写进了日记，并在作曲家去世后不久出版。像任何类似文献，这些日记既与观察者也与被观察者有关，二者程度相当。同时，尽管其中有些细节已经被外界证实，但是要评估它们的真实性，仍然很难，因为除了薇拉之外，没有别的目击证人。克拉夫特把自己写成故事的核心一员再正常不过，尽管在记录（以及往往重写）他人生经历的过程中，他坦承自己发现了一个"不是特别喜欢"的"另我"（alter ego）。久而久之，"另我"几乎已经无法与自我区分开来。

克拉夫特是斯特拉文斯基的勤杂工。他是负责斯特拉文斯基一切音乐事务的助理，是斯特拉文斯基音乐值得信赖的指挥，包括一些重大首演，是斯特拉文斯基英语语言有关事宜常驻顾问。他不光是音乐家及其代理人之间的中间人，也不时是斯特拉文斯基家族的联络人。的确，他扮演的是义子的角色。他甚至成了斯特拉文斯基的"告解神父"。或许最重要的是，克拉夫特是斯特拉文斯基仿佛一直需要的众多释经者中的最后一个，即解经者，也就是公开诠释经文的人。阿蒂尔·卢里耶、雅克·里维埃、鲍里斯·德·施勒策、皮埃尔·索夫钦斯基等人，都是克拉夫特的前辈。他们扮演着喉舌、枪手、圣徒传作者、辩护士、策士等各种角色，以作曲家希望被看到的方式将他呈现给这个世界。[1] 他们每一个都是舆论操控专家,虽然当时这个词还不存在。克拉夫特也扮演了这一角色,他欣然接受,到了一种傲慢的程度。(1948年4月7日,就在第一次见到斯特拉文斯基一个礼拜之后,他评论说:"我比斯特拉文斯基先生更懂《C大调交响曲》。")除了日记,他还编辑出版了大量照片、文件、信件和回忆录。另外,还有一系列与晚年斯特拉文斯基进行的珍贵《对谈》,自1959年开始,历时十年才完成。但诚如大家常说,可信度不高。在某种程度上,这不可避免,因为克拉夫特是在邀请斯特拉文斯基回顾他的一生,不是他的记忆在作怪,就是他在为了满足当下目的而选择(一如往常)重塑过去。《对谈》被标榜为一次合作。克拉夫特的角色绝不是区区誊抄员:他写下了这些书,形塑了它们,在借斯特拉文斯基之口说话。他声称自己忠实于这位作曲家的思想要义,即便语言在很大程度上属于他自己。然而,就像斯特拉文斯基的其他言论,如《自传》、《音乐诗学》,甚至是录音,我们永远无法假定《对谈》的真实性。

不可否认,克拉夫特对斯特拉文斯基很重要。斯特拉文斯基在很多方面都依赖克拉夫特的音乐技能。沃尔什说得不错,在后来那些年,如果没有克拉夫特的帮助——为这位大师准备管弦乐队、监管录音工作等——斯特拉文斯

---

[1] 参见瓦莱丽·杜福尔(Valérie Dufour),《斯特拉文斯基及其诠释者(1910—1940)》(*Stravinski et ses exegetes, 1910 - 1940*, Brussels, 2006)。

基几乎无法在巡演中开展工作。[1] 如果没有克拉夫特，这些晚期序列作品就不会面世。尽管很难想象，但如果不是因为克拉夫特，斯特拉文斯基可能永远无法战胜创作危机，可能他就干脆什么都不写了。

斯特拉文斯基的语言在克拉夫特的帮助下再生，这在一部作品的主题上已经有所体现。1950年，奥登向斯特拉文斯基推荐了狄兰·托马斯的诗歌，1952年，斯特拉文斯基与托马斯受邀在一个基于《奥德赛》某场景的电影项目中合作，但该项目因资金短缺而搁浅。1953年，他们终于在波士顿碰面。"我一见到他，就知道唯一要做的就是爱他。"托马斯构想了一部歌剧："一场核灾难后地球重获新生。会出现一次语言的再生"。显然，这与斯特拉文斯基当时的处境产生了共鸣。但是，这个项目甚至从未启动过。11月9日，托马斯在纽约逝世。斯特拉文斯基回忆说："我能做的只是痛哭。"次年年初，他开始创作《悼念狄兰·托马斯》，使用的是托马斯纪念父亲的诗"不要温和地走进那夜"（Do not go gentle into that good night）。它的维拉内拉（villanelle）形式为斯特拉文斯基提供了一种他此前常用的叠句结构，而诗人对于光明的消逝所表现出的愤怒罕见地引起了斯特拉文斯基与一个实际上只有过一面之缘

---

[1] 参见斯蒂芬·沃尔什对克拉夫特的评论，见于《斯特拉文斯基：第二次流亡——法国和美国，1934—1971》（*Stravinsky: Second Exile. France and America, 1934-1971*, London, 2006），pp. 419—426。

的人产生共鸣。斯特拉文斯基的许多晚期作品可能看似生硬、简洁且过于有序（就像他的书桌）。在《悼念狄兰·托马斯》中，斯特拉文斯基"富有表情力的"表现方式自《浪子的历程》后再次出现。这部为男高音和弦乐四重奏而写作的动人文字配乐作品，前后分别有为长号四重奏和弦乐四重奏而作的器乐前奏和尾声，标题都是"挽歌-卡农"。斯特拉文斯基反思着托马斯渴求的"语言再生"，创作出他第一部真正的序列作品。其中的五音半音集合生成了所有音高材料。随着音乐不断自我重复，这些序列变型捕捉到了一丝痛惜之情，每一次重复都一样，但又总有区别。"挽歌-卡农"中重复音符的平稳推进和表现哀伤的下行半音线条影射了加布里埃利[1]时代威尼斯的一些仪式传统，它们很快会对斯特拉文斯基产生更大的影响，也当然与《俄耳甫斯》有诸多相似之处。这部音乐作品有种凄凉的庄重感。斯特拉文斯基在序列手法方面或许是新手，但是这首音乐作品的哀歌特性却直达他音乐和个人经历深处。

在斯特拉文斯基活跃创作生涯的最后岁月，占据主导地位的是一些以圣经文本为基础的大规模宗教合唱作品和小型纪念性作品。以《洪水》为例，它是一部为电视写的"音乐剧"，采用的是中世纪英国神秘剧形式。但是，出于让人精疲力竭的巡演和录音日程需要，作曲家不仅走遍了

---

[1] Andrea Gabrieli（1532/1533—1585），意大利文艺复兴时期作曲家。——译者注

北美、横跨了欧洲，还赶赴了日本、南美、南北非、以色列、新西兰和澳大利亚，这部作品的作曲工作经常被打断。对于一个年逾古稀、不断遭受糟糕健康状况和严重血液疾病困扰的人来说，这是一份近乎疯狂的工作日程。1956年，他已经遭受过一次严重的中风，不得不在慕尼黑一家医院住院五周，这也扰乱了《阿贡》的创作。但是，这并没有迫使他退休。伊戈尔·斯特拉文斯基如今是一件全球知名商品，而且作曲家本人热衷于从自己的名字中获取最大收益。可以说，他已经成为第一位真正的名人作曲家。他沉迷于这个名字为自己带来的关注。

其他人也渴望利用伊戈尔·斯特拉文斯基这一"理念"。1945年，在巴黎，斯特拉文斯基的音乐被视作自由的象征。到了1940年代中期，已经获得美国国籍的斯特拉文斯基被重新打造成了一个美国人。1948年，《时代》杂志报道说，他喜欢被看作一位"加州作曲家"，而1954年出版的《格罗夫音乐和音乐家辞典》第五版将他定义为一位"具有俄罗斯血统的美国作曲家"。1952年，作曲家尼古拉·纳博科夫在巴黎以"20世纪作品"为名举办了一场20世纪音乐节，他是斯特拉文斯基的朋友，也是一位俄罗斯移民。纳博科夫是文化自由大会（Congress for Cultural Freedom）秘书长，这是一个由中情局秘密资助的组织，仅仅是战后欧洲反共产主义组织的一个分支。举办这场音乐秀的目标很明确,就是为了展示"自由世界自由人士的作品"。[1] 在纳博科夫看来,斯特拉文斯基的新古典主义代表着新生,因此《C大调交响曲》——斯特拉文斯基明显最"中立"的作品之一——被卷进了冷战意识形态冲突。从斯特拉文斯基已经意识到发生了什么,从他仍然强烈反对斯大林政权来看,他是心甘情愿地参与了这场文化宣传战。斯特拉文斯基的名字在美国政界最高层依然有极大影响力,事实证明了这一点。1962年初,在他80岁生日那年,杰奎琳·肯尼迪邀请斯特拉文斯基和薇拉前往白宫参加晚宴。看起来,不论是杰奎琳,还是肯尼迪总统,都对斯特拉文斯基的音乐没有多大兴趣。斯特拉文斯基本人也很清楚一位归化成美国人的知名俄罗斯人士对他们的用处。

对斯特拉文斯基不理不睬很久之后,苏联人这边对斯特拉文斯基及其音乐的兴趣日渐浓厚。无独有偶,在美国权力中心受到欢迎的同年年底,斯特拉文斯基在近半个世纪之后首次回到俄罗斯,而且被传唤到了克里姆林宫与苏联部长会议主席兼行使苏联总理职权的赫鲁晓夫会见。在没有任何外交人员能做到的情况下,伊戈尔·斯特拉文斯基横跨在这个分裂世界的两端,他变成了一笔无价的冷战资产。这是一个充分展示他名字所代表意义的绝佳例子,完

---

[1] 对于这一事件更全面、深入的讨论,参见马克·卡罗尔(Mark Carroll),《冷战时期欧洲的音乐和意识形态》(*Music and Ideology in Cold War Europe*, Cambridge, 2003)。

1962年9月21日，伊戈尔和薇拉·斯特拉文斯基抵达莫斯科

全独立于他个人或是（就此事而言）他所创作的音乐。对于斯特拉文斯基本人来说，为期三周的苏联之旅是一次具有强大影响力的归乡之旅。他在莫斯科和列宁格勒指挥了一些作品，出现在苏联电视上，参加了一场斯特拉文斯基展，见了一些作曲家、音乐家和亲戚，参观了克留科夫运河（虽然不是他儿时的公寓），只有返回乌斯蒂鲁格的心愿落了空。在由苏联文化部长叶卡捷琳娜·福尔采娃在莫斯科组织的一场晚宴上，斯特拉文斯基发表了一场真情流露的演讲："一个人只有一个出生地、一个父国、一个国家——他**只能**有一个国家，而且他的出生地会对他一生产

生最重要的影响。"对于一个几十年来极力否认自己本土文化重要性的人而言,这是一场令人意想不到的表白。然而,即使在加利福尼亚,俄语仍然是他的家用语言,是他的思想用语。来自俄罗斯的那些引人感怀的小物件,散落在他工作室各处。对于斯特拉文斯基在俄罗斯土地上的性格变化,克拉夫特的评论令人颇有感触:"伊戈尔·斯特拉文斯基确实对于背井离乡和流亡感到遗憾,胜过他一生中其他任何事。"

> 仅在 5 年前[1957 年],在巴登-巴登,他一听到"斯普特尼克"号的消息就勃然大怒,甚至禁止我们提及俄罗斯的这一成就。这种源自求而不得的祖国之爱而表现出的带有嫉妒色彩的敌意,是否导致了他偶尔过于显眼的"西式风度"?从某种意义来讲,后者变成了一件武器,被用来证明他和其他文化优于那个没能承认他天才的俄罗斯。我能肯定的只有一件事情,即在我与他相识的这些年里,作为一位俄罗斯人在俄罗斯受到认可和称赞,并在这里演出,对他来说胜过一切。[1]

重返俄罗斯让斯特拉文斯基直面了流亡这一现实,他在流亡中度过了大半辈子,他的所有创造性产出几乎都染

---

[1] 罗伯特·克拉夫特,《斯特拉文斯基:友谊纪事》,p. 329。

上了流亡色彩。

回到美国后,在继续发展和完善序列技术时,斯特拉文斯基心中有了另一座心爱的城市,那就是威尼斯。《致敬圣马可之名的圣歌》(*Canticum Sacrum ad honorem Sancti Marci nominis*,圣马可大教堂,1956),以及《挽歌:先知耶利米哀歌》(*Threni: id est Lamentationes Jeremiae Prophetae*,圣洛克大会堂,1958)都在这座城市首演。这座城市的音乐遗产(最引人瞩目的是加布里埃利和蒙特威尔第)影响了这两部作品的风格和形式。与《诗篇交响曲》一样,它们的拉丁文本取自《拉丁文通俗译本圣经》;与《诗篇交响曲》一样,它们都是宗教礼拜仪式的一部分。这两部作品,与在这两部作品之间完成的《阿贡》,都是斯特拉文斯基重要晚期作品中仅有的部分或全部采用(粗略地说)勋伯格或韦伯恩风格十二音音列的作品。惹人瞩目的是,它们也在他的晚期作品中最具仪式感,这种手法赋予它们一种宗教质感。然而,这两部作品的方方面面如吟唱、游行圣歌、重复、持续音的使用等,都与他较早作品中的哀歌和仪式遥相呼应。

斯特拉文斯基晚年最杰出的作品是一部为钢琴和管弦乐队创作的短"协奏曲",标题是《乐章》。它的创作始于1958年,并在1959年7月底完成。显然,该标题指向一个事实,即这部作品是由五个不同乐章构成,由四段简短的"间奏"连接。在"间奏"中,钢琴不出声,而且"间奏"

预示了下一乐章的速度。但是,标题同样表明了乐队音点的节奏性运动,音乐在五种不同速度间运动,可能还表明了构成整部作品基础的十二音音列轮转。它甚至可能暗示了想象中出现的摇晃着的身体,这是一种实际上几年后在巴兰钦决定为这部作品编舞时才会出现的抽象戏剧。但是,这样一种乏味的描述,无法让听众对一种乍一听完全在意料之外的音乐有所准备,这部作品展示的音响世界属于他在巴黎和达姆施塔特的年轻先锋派同代人。为了与比他年轻五十岁的人进行的实验达成和解,这位在他所处时代最著名的作曲家甘愿如此彻底地重新思考他的音乐语言,这不仅前所未有,也表明了他一直在害怕被认为不合时宜。韦伯恩的影响在这部作品中十分明显,但好像采用的是年轻一代的视角——比如布列兹《结构 Ia》中的点描式钢琴技巧,或是布列兹《无主之锤》中的碎片化和器乐分组,亦或是施托克豪森《时值》中的速度游戏。1958 年,克拉夫特录制了这三部作品中的后两部。甚至斯特拉文斯基这部作品的乐谱样式也模仿着欧洲先锋派"当家"出版商环球出版(Universal Edition)的风格,五线谱在不需要的时候就从谱面上消失了。斯特拉文斯基在这部作品中重新思考了自己的音乐经验,就像他以前经常做的那样。即便年逾古稀,这位所有音乐"喜鹊"中最伟大的人,也在尝试着重塑他在周围发现的一切,并将其据为己有。细细一听,这部作品中的确显露出了斯特拉文斯基的个性特征,尤其是典型的和弦声位，以及由精心着色的音块所进行的不易察觉的重复而构成的结构，仿佛《乐章》是《管乐交响曲》的某种零散回忆。从这种碎片化是这部作品的"晚期"标志来看，它符合斯特拉文斯基最后几十年的创作动向。同样地，这部作品对新秩序形式的不断探索也很典型。但实际上，把《乐章》评定为斯特拉文斯基创作中的一个独特时刻也同样成立，它是他永远年轻的想象力，是他渴望发明和创新的晚期成果。

斯特拉文斯基的最后一部大型作品也是他从事序列音乐年间最伟大的成就。《安魂圣歌》的创作于1965年3月在洛杉矶开始，但是多次被在美国和欧洲更大范围的音乐会和录制活动打断。这些活动对于一个年届耄耋且身体日渐虚弱的人来讲，非比寻常。最终，这部作品在1966年8月13日完成。10月，克拉夫特在普林斯顿大学指挥了这部作品的首演。它原本是一部为了纪念该校一位女赞助人而委约创作的器乐作品，最后变成了为管弦乐队以及演唱拉丁文安魂弥撒文本片段的合唱和独唱人员而作的配乐作品，这必定（至少部分）是受到作曲家知晓自己生命正在进入最后阶段驱使。在普林斯顿大学首演之后，这所大学的校长罗伯特·F. 戈辛（Robert F. Goheen）表示，希望普林斯顿能再次迎接作曲家的到来。斯特拉文斯基在病中回应说："我已经很老了，这不太可能发生了。"薇拉后来告诉克拉夫特："**他**和**我们**都知道这部作品是他为自己而作。"

而且在为安排斯特拉文斯基的葬礼而写的信中（写于他去世前一年），她明确表示，希望演奏这部作品来纪念他。关于葬礼的地点、形式和音乐内容，我们不清楚斯特拉文斯基的意愿，因为他坚决拒绝讨论这件事。尽管它具有一部晚期作品不可否认的特点，但这部作品本身一点都不病态。安德烈·鲍科莱契利耶夫完美地捕捉到了它的情绪，他曾说《安魂圣歌》是一些回忆，"晚年的作曲家仿佛在热烈地瞥向过去，回顾和唤起他的所有音乐"[1]。

斯特拉文斯基此前曾多次写作这部作品。他一生都在回首往事，哀伤不已。《安魂圣歌》中随处可见较早时期作品的痕迹。但最引人注目的是它的静谧。它毫无疑问是挽歌式，但也虔诚。在最后几个乐章中，这部音乐作品中没有对光明逝去的愤怒，甚至没有无奈的顺从，而是一种平和感，一种与不可避免的死亡之间达成的妥协。尽管这部作品采用了偏大型的管弦乐队，但它并不是威尔第式的安魂曲，而是一部私密的室内乐作品。震怒之日（《烈怒之日》[Dies irae]）和呼唤审判的号角声（《号角响起》[Tuba mirum]）的表现处在敬畏和嘲弄的中间地带，仿佛彼得鲁什卡的精神依旧还在，他对死亡本身不屑一顾。十二音技法如今已经完全被斯特拉文斯基吸收，并被转变为一种完全属于他自己的东西，音乐和方法融为了一体。这

---

[1] 安德烈·鲍科莱契利耶夫，《斯特拉文斯基》（*Stravinsky*, trans. Martin Cooper, London, 1987），p. 304。

些生成了"后奏曲"（Postlude）中和弦（克拉夫特叫它们"死亡和弦"）的轮转阵列赋予作品一种斯特拉文斯基毕生追求和痴迷的秩序感，但也让一种仪式化表达有了可能。缓慢而有规律鸣响的钢片琴、管状钟和电颤琴是丧钟，但蕴含一种内在活力，就像《婚礼》结尾的报婚钟。路易·安德里森（Louis Andriessen）和埃尔默·勋伯格（Elmer Schönberger）曾经写道："钟声总是在俄罗斯音乐中大声鸣响，钟声也总是在这位歌唱家之子的音乐中大声作响"。[1] 这是一个普鲁斯特式的无意识记忆时刻。《安魂圣歌》结尾的钟声让斯特拉文斯基欣然回到了同样钟声回荡的圣彼得堡——他生命的起点。这些钟声无休无止地鸣响，超越了时间。

它不是斯特拉文斯基的临终之言。在最后为《安魂圣歌》收尾之际，他开始为爱德华·利尔[2]的一首胡诌诗《猫头鹰和猫咪》创作令人愉悦的小曲，它是为歌唱家和钢琴上的单线条旋律而作。这是一首双声部对位作品，它几乎是在嘲笑十二音技法，因为猫头鹰和猫咪的音乐自始至终都在追逐着对方的尾巴。斯特拉文斯基在第一次世界大战那些年为一首俄语胡诌诗写的曲子被移植到了美国西海

---

[1] 路易·安德里森、埃尔默·勋伯格，《阿波罗式的发条齿轮装置：论斯特拉文斯基》（*The Apollonian Clockwork: On Stravinsky*, trans. Jeff Hamburg, Oxford, 1989, p. 265; republished by Amsterdam University Press, 2006; first published in Dutch in 1983)。

[2] Edward Lear (1812—1888)，英国画家、诗人。——译者注

岸。这首作品也可能是为他自己和薇拉（它被题献给了她）而作的一幅有爱且逗趣的卡通肖像。这首趣味小曲，而非《安魂圣歌》，才是斯特拉文斯基最后的原创作品，才是他的喜剧性收场白，这一说法不无道理。就像《浪子的历程》结尾的芭芭，在这部作品中，是斯特拉文斯基在直面自己的死亡，他走上舞台脚灯处，咧着嘴对着观众笑，露出他那排整齐的白牙。但是，他的双眼藏在了一副墨镜之下，这恰是他在美国生活期间的许多照片中采用的类似神秘方式。

斯特拉文斯基晚年长期遭受着疾病和家庭争斗的困扰。他曾经几次尝试创作新作品，都没有成功，他还改编过巴赫和雨果·沃尔夫[1]的作品（根据克拉夫特的说法，这是因为他"想就死亡说些什么，也觉得自己无法创作出任何属于自己的东西"）。旅行变得日益困难。他坚持出现在迄今利润颇丰的指挥台上，但最终也以1967年5月多伦多的一场《普尔钦奈拉》组曲演出而告终。他参加的最后一场自己音乐的演出，恰巧是那部他在全球范围内赢得现代主义者名声的作品，也恰好是在同一座城市，即在巴黎上演的《春之祭》，采用的是贝雅尔[2]臭名昭著的动物化编舞。在这段生命旅途的最后，另一件冥冥之中巧合的事情是这位杰出的装饰艺术作曲家生命最后那些年主要是在纽约选用了装饰艺术风格的埃塞克斯大楼内一套公寓中度过，

---

1 Hugo Wolf（1860—1903），奥地利作曲家。——译者注
2 Maurice Béjart（1927—2007），法国舞蹈家，芭蕾编导。——译者注

它俯瞰着中央公园南端。 这幢楼由弗朗克·格拉德（Frank Grad）设计，1931年建成，它质朴的外观掩盖了内部的奢华。斯特拉文斯基和薇拉每天都会领略到装饰艺术风格的辉煌成就，因为他们搭乘电梯上下往返公寓，气派的黄铜色电梯门上绘制的是异域风花卉图案，镶嵌在黑色的大理石墙中，与半个多世纪前俄罗斯芭蕾舞团一些早期奢华设计遥相呼应。最终，就在去世前一个星期，斯特拉文斯基（用西奥多和丹尼丝·斯特拉文斯基的话说，当时的他"脆弱如丝线，坚强如钢丝"）搬到了第五大道的一间奢华公寓，再一次俯瞰中央公园。对于一个在中转和流亡中度过一生的人来说，斯特拉文斯基的这个最后举动合情合理。1971年4月6日凌晨，他在那里去世，享年88岁。我们不清楚弥留之际是谁（如果有人的话）陪伴着他。和他的一生一样，围绕着他去世这件事也有许多相互矛盾的说法。克拉夫特把自己写进了病榻场景，其他人的记录则有所不同。但是，正是薇拉要求把家里的镜子盖了起来，斯特拉文斯基无疑会赞同这个迷信之举。薇拉比伊戈尔多活了十年，人们常常看到她的孤独身影，她偶尔也会挽着克拉夫特的手，漫步在富裕的上东区人行道上。1982年9月17日，恰是斯特拉文斯基诞辰百年，她在丈夫去世的那个房间离世，享年93岁。她被安葬在威尼斯圣米歇尔公墓岛，与他并肩长眠，距离那位大约六十一年前在巴黎促成他们首次会面的经理人仅有几米之遥。

1965年5月29日，华沙，斯特拉文斯基指挥华沙爱乐乐团

终章：斯特拉文斯基仍在

2013 年 5 月 29 日，周三，蒙田大道，香榭丽舍剧院。巴黎名流雅士齐聚于此。政治家、外交官、商人，以及音乐与舞蹈界精英挤满了剧院外的人行道。就在沿着这条大道几米之外朝向阿尔玛广场的地方，停着一辆警车。国家警察的三名警务人员（两名着制服，一名着便衣）随意地倚在敞开着的车门上，抽着烟。他们在期待一场骚乱？好吧，是的。不过是一场由一个名叫"全民游行"的组织为反对平权婚姻计划而发起的抗议活动，这是一场因为诸多社会党政要的出现而爆发的抗议，并非直接由一部即将上演的芭蕾引起。与这场首演形成有趣呼应的是，街上爆发了几场激烈的混战。负责警力的内政部长、也即未来的总理曼纽埃尔·瓦尔斯（Manuel Valls）也是剧院外人群中的一员，身旁是他的小提琴家妻子安娜·格拉伍安（Anne Gravoin），她是斯大林时期苏联一位流亡人士的孙女。文化部长奥雷莉·菲利佩蒂（Aurélie Filippetti）也在那儿，还有前任文化部长贾克·朗（Jack Lang）。法兰西共和国总统由其女友瓦莱丽·特里耶韦莱（Valérie Trierweiler）代表出席。瑞士和俄罗斯大使也都出现在现场,分别代表各自国家,即将上演的这部作品主要在这两个国家构思与创作。当年几位主角的家人也从美国飞来见证这一特别事件,其中最引人瞩目的是作曲家67岁的孙子约翰·斯特拉文斯基(John Stravinsky)和编舞家93岁的女儿塔玛拉·尼金斯基(Tamara Nijinsky)。

马林斯基剧院管弦乐团一位名叫伊戈尔的巴松管演奏员出现在剧院主入口,孤零零地站在剧院门廊上刚修复的镀金招牌下最高一级台阶上。在这件乐器的高音区,出现了一段旋律,这是一段扭曲的民间曲调,它是"大自然自我更新"的声音。它如今为全世界所知,但曾经一度被认为十分奇怪,也不自然。雨势暂缓,为了观看一场在广场贴着几何图案的空地上进行的声势浩大的"快闪表演",一大群人聚集了起来。随着来自巴黎各舞蹈学院的舞者开始以密集而整齐的队形移动,一段《春之祭》片段"混剪"从扩音器里传了出来,两位青年慷慨激昂地读起斯特拉文斯基的文章《我想在〈春之祭〉中表达些什么》,它正好发表于一百年前的这一天。人群中传来此起彼伏的喝彩声和倒彩声。这是出现在《春之祭》现场的骚乱,同样是经过精心策划,看起来就像首演当晚那场著名骚乱一样,再次在一场世纪演出之前将人们的注意力吸引到了佳吉列夫的著名手笔上。

丑闻仍然笼罩着这部作品。就在两天前,《世界报》发表了一封来自塔玛拉·尼金斯基的公开信。首先,她对香榭丽舍剧院用四场演出来纪念《春之祭》表示欣喜。但是，这将是她第一次观看霍德森和阿谢尔在1987年再度呈现的"所谓'初始'版本"演出。这也是尼金斯基后人第一次获得某种形式的版税。她写道："我提请你们注意这些事实，是因为我们希望将这种已经持续超过二十五年之久的不公正公之于众。"由金钱和权利引发的难看争吵险些淹没艺术的声音。纵观为这部芭蕾写作伴奏音乐的作曲家一生，这类事情屡见不鲜。"最后祝各位《春之祭》百年庆典快乐。"[1] 她的信末祝辞是真心话还是讽刺？像以往那些与这部作品有牵扯的人一样，难说。

穿着考究的观众走进剧场，一窝蜂地冲上艺术装饰风格楼梯上铺着的豪华红毯。在一片多国语言的嘈杂声中，可以听到许多人在讲俄语。俄罗斯芭蕾舞团最初几季演出曾经得到在圣彼得堡出生的"巴黎女王"米希亚·爱德华——即后来的米希亚·塞特——等人支持。如今，资助这部作品上演的是俄罗斯天然气工业股份公司（Gazprom），它是一家市值1000亿美元的全球能源公司，其中俄罗斯联邦占大多数股权。一坐到自己的座位上，观众们满心期待着著名指挥家瓦莱里·捷杰耶夫抵达乐池，迎来的却是剧院经理兼艺术总监米歇尔·弗朗克（Michel Franck）发表

---

[1] 《来自塔玛拉·尼金斯基的一封信》(Une lettre de Tamara Nijinski)，2013年5月27日《世界报》(Le Monde)，相关英译见于：www. danceeurope. net（2014年7月23日查阅）。

的长篇演讲。弗朗克是加布里埃尔·阿斯特鲁克（Gabriel Astruc）的最新继任者，而阿斯特鲁克是一位凭借高瞻远瞩的眼光让这家剧院拔地而起的人。这部伟大的芭蕾作品或许是俄式想象力的产物，在一位俄罗斯经理人的组织下诞生，由俄罗斯音乐家和舞蹈家首演，但是它的成功与巴黎脱不了关系。弗朗克坚称，即便在今天，《春之祭》仍然属于巴黎。仿佛是为了证明在这部作品首演现场16区贵族女士们明摆着的势利行径依然无处不在，他提议在场所有人（"无论是否有邀请函"）在中场休息时共饮一杯香槟。

在由莫里斯·丹尼（Mourice Denis）完成的华丽穹顶中央，吊灯暗了下来。伊戈尔·戈尔布诺夫（Igor Gorbunov）开始再次演奏他的著名巴松管独奏片段。洛里奇设计的幕布升起，展现出那座神秘的山丘，而尼金斯基的"魂灵"让马林斯基剧院的舞者再次猛地一下动弹了起来。这一次，现场没有人给医生或牙医打电话。整场表演下来，观众们鸦雀无声，最后以热烈的掌声结束。中场休息之后，音乐再次响了起来，展示的是德国人萨莎·瓦尔茨（Sasha Waltz）的新编舞，它影射了一个世纪以来，这部作品从尼金斯基到鲍什（Bausch）的诸多舞蹈版本。在这一编舞版本最后，从舞台吊景区落下的金色匕首缓慢而壮烈地杀死了被选中的少女。巴黎相当数量的职业"托儿"在那里喝倒彩——他们向来如此，而其他人则试图用掌声和欢呼声将之淹没,这持续了相当长一段时间。最后,随着观众们走出剧院,走上此时漆黑的蒙田大道,他们看到了香榭丽舍剧院被埃菲尔铁塔顶部探照灯照亮的外观,就像1913年4月5日首演的那个晚上。一百年过去了,这座剧院和这部作品仍然处于"光明之城"的中心。

·

斯特拉文斯基仍在。皮埃尔·布列兹在1951年发表的一篇著名文章中如是说。在这篇文章中,他对《春之祭》进行了精彩的分析,目的在于论证节奏如何充当主要的音乐结构施为者,但这篇文章也告诉了读者许多与布列兹本人创作重心相关的内容。[1] 布列兹不是第一个也不是最后一个深受有喜鹊之称的伊戈尔·斯特拉文斯基影响并出于自身目的深入其音乐的人。荷兰作曲家路易·安德里森在1983年写道:"毕竟,每一个人都受到了斯特拉文斯基的影响。斯特拉文斯基的持久影响力在一遍又一遍地焕发新生。"[2] 那种影响显然可以追溯至早年出席这部芭蕾首演的人身上,一直持续到现在。德彪西和拉威尔的作品中可以见到微妙痕迹,而乔治·安西尔[3]和埃德加·瓦雷兹音乐

---

[1] 皮埃尔·布列兹,《斯特拉文斯基仍在》(Stravinsky Remains, in *Stocktakings from an Apprenticeship*, trans. Stephen Walsh, Oxford, 1991, pp. 55—110)。文章最初在1951年以法文发表。

[2] 路易·安德里森,埃尔默·勋伯格,《阿波罗式的发条齿轮装置:论斯特拉文斯基》,p. 101。

[3] George Antheil (1900—1959),美国钢琴家、作曲家,现代音乐先驱。——译者注

中的影射则明显得多。在"1920 年代至 1940 年代，在苏联、波兰、匈牙利，甚至荷兰，到处是小型《春之祭》：呜啪、呜啪—啪、呜，弦乐砰砰作响，永远不嫌多的拍号变化。"[1] 普朗克是一战后法国斯特拉文斯基主义的领导人物，"六人团"其他成员紧随其后。他们对斯特拉文斯基如此熟悉，以至于他们的音乐有时听起来像是在直接引用。有一些后二战时期的波士顿新古典主义者，他们被阿伦·库普兰命名为斯特拉文斯基学派。库普兰自己是其中一员，其他成员包括亚瑟·伯格（Arthur Berger）、伦纳德·伯恩斯坦、欧文·费恩（Irving Fine）和哈罗德·沙佩罗（Harold Shapero）。有一批先锋派作曲家看中了斯特拉文斯基音乐中的原始、仪式和神话方面，并且将其用于自己的目的，其中包括奥利维耶·梅西安、哈里森·伯特威斯尔（Harrison Birtwistle）、康伦·南卡罗（Conlon Nancarrow）和艾略特·卡特（Elliott Carter）等人。美国的极简主义者们也深受斯特拉文斯基影响，史蒂芬·赖希（Steve Reich）和约翰·亚当斯等人依旧欣然沉浸在斯特拉文斯基式和声的影响之中；而他们的追随者，诸如迈克尔·托克（Michael Torke）和尼科·穆利（Nico Muhly），则喜欢将斯特拉文斯基与摇滚和流行融合。另外，斯特拉文斯基还有以《火鸟》为首的许多音乐可以在无数电影配乐中找到痕

---

[1] 路易·安德里森，埃尔默·勋伯格，《阿波罗式的发条齿轮装置：论斯特拉文斯基》，p. 100。

迹。即便对今天刚迈入职场的年轻作曲家来说，斯特拉文斯基也不容忽视。在20世纪先锋派作曲家中，或许斯特拉文斯基以一种独一无二的方式存在着。

就像2013年5月29日在巴黎举行的庆祝活动所揭示的那样，斯特拉文斯基的音乐（以及环绕着它的迷思）活在了更多人的想象中。在此之前，从未有一部作品的首演周年纪念以如此方式庆祝。在他生前，斯特拉文斯基和他的伙伴们利用《春之祭》把斯特拉文斯基变成了一位叫作"斯特拉文斯基"的名人，他是一件极具市场价值的商品。自从这位作曲家去世后，如果要说发生了什么的话，那就是斯特拉文斯基的音乐在音乐厅、歌剧院和芭蕾舞剧院的影响力与日俱增。斯特拉文斯基在商业上取得了持续不断的成功。但是，为什么呢？他的音乐当然既丰富多彩，也富有动力，既充满活力，也引人沉思。它讲述着一个个精彩的故事，创新不断，总是被精雕细琢。但是，20世纪的许多其他音乐也是如此。斯特拉文斯基跌宕起伏的一生笼罩在战争、革命、疾病和死亡的阴影下，他的一生是被性爱、威士忌、金钱和时尚勾勒出的人生，漂泊不定，他的一生充满与音乐家、诗人、画家、舞蹈家、导演和职业经理人的非凡际遇，充满创造性——所有这些都令传记作者垂涎三尺。虽然这一切形塑了他的音乐，但是他的音乐却从未直接体现过其中任何东西。相反，就像他在艺术和诗歌领域的两位在创作路径上有着迷人相似的伟大的同时代人毕加索和艾略特,斯特拉文斯基音乐不断变化的过程微妙而间接地记录了他所经历的世纪变迁。从对前革命时期俄罗斯的记忆到战时在瑞士痛失的一切,从咆哮 20 年代(Roaring Twenties)在法国取得的成功到生命晚年在美国安稳度日,他的音乐恰如其分地记录了他人生的转变。当然,作为一位眼睛永远在盯着下一份委约出现的机会主义者,斯特拉文斯基总能迅速对不断变化的潮流作出反应。他的老朋友佳吉列夫把他教得很好。但是,这一切远没有这么简单。斯特拉文斯基音乐的力量是通过与不断变化着的世界保持距离,反思并对其进行评论而实现。它能够让人发笑,引人流泪,让人不知所措。即便使用的是看似最简单的素材,就像在《阿波罗》中,他的音乐也能突然出现令人意外的转折,并将听众带入更为浓烈的情绪状态。它深刻地描绘了现代社会中流亡的字面和隐喻含义,以及随之而来的种种酸楚。它刻画的是 20 世纪的故事。

那么,"真正的"斯特拉文斯基在哪里?正如科克托早先的发现,一位传记作者所记录的生活事实只能代表一个外观世界。正如阿多诺所说,这位"魔术大师"佩戴了如此多面具,他是一个积习难改的骗子,一个谜团里头的谜题包裹着的谜语。我们越靠近看,任何真实意义上的斯特拉文斯基就仿佛越是难以捉摸。曾有谁或者会有谁能找到真正的伊戈尔·费奥多罗维奇·斯特拉文斯基?剩下的只有音乐,在我耳中,那是我找到这位脆弱、富有人类情感且情感表达过于浓烈的斯特拉文斯基所在之处。他潜藏在表面之下，在那里安静地、令人动容地向我诉说。这就是斯特拉文斯基仍在的地方。

部分参考文献

Andriessen, Louis, and Elmer Schönberger, *The Apollonian Clockwork: On Stravinsky*, trans. Jeff Hamburg (Oxford, 1989). Republished byAmsterdam University Press (2006). First published in Dutch in 1983

Asaf'yev, Boris, *A Book about Stravinsky*, trans. Richard F. French (Ann Arbor, MI, 1982). First published in Leningrad in 1929 as *Knigao Stravinskom* under Asaf'yev's nom de plume, Igor Glebov

Benton, Charlotte, Tim Benton and Ghislaine Wood, eds, *Art Deco, 1910–1939* (London, 2003)

Boucourechliev, André, *Stravinsky*, trans. Martin Cooper (London, 1987)

Carr, Maureen, *Stravinsky's 'Pulcinella': A Facsimile Edition of the Musical Sketches* (Middleton, WI, 2010)

—, *After the Rite: Stravinsky's Path to Neoclassicism (1914–25)* (New York, 2014)

Casella, Alfredo, *Strawinsky* (Brescia, 1947)

Cocteau, Jean, *A Call to Order*, trans. Rollo H. Myers (New York, 1974)

Corle, Edwin, ed., *Igor Stravinsky* (New York, 1949)

Craft, Robert, *Stravinsky: Chronicle of a Friendship* (Nashville, TN, revdand expanded edn 1994). First published in 1973

—, *Igor and Vera Stravinsky: A Photograph Album, 1921–1971* (London, 1982)

—, *Stravinsky: Selected Correspondence*, 3 vols (New York, 1982–5)

—, *A Stravinsky Scrapbook, 1940–1971* (London, 1983)

—, *Stravinsky: Glimpses of a Life* (New York, 1992)

—, *Down a Path of Wonder: Memoirs of Stravinsky, Schoenberg and other Cultural Figures* (n. p., 2006)

—, *Stravinsky: Discoveries and Memories* (n. p., 2013)

Cross, Jonathan, *The Stravinsky Legacy* (Cambridge, 1998)

—, ed., *The Cambridge Companion to Stravinsky* (Cambridge, 2003)

Danuser, Hermann, and Heidy Zimmermann, eds, *Avatar of Modernity: 'The Rite of Spring' Reconsidered* (London, 2013)

Davenport-Hines, Richard, *A Night at the Majestic: Proust and the Great Modernist Dinner Party of 1922* (London, 2006)

Davis, Mary E., *Classic Chic: Music, Fashion and Modernism* (Berkeley, CA, 2006)

Druskin, Mikhail, *Igor Stravinsky: His Life, Works and Views*, trans. Martin Cooper (Cambridge, 1983). First published in Russian in Leningrad in1974

Dufour, Valérie, *Stravinski et ses exégètes (1910 –1940)* (Brussels, 2006)

Figes, Orlando, *Natasha's Dance: A Cultural History of Russia* (London, 2002)

Garafola, Lynn, *Diaghilev's Ballets Russes* (New York, 1989)

Greenhalgh, Chris, *Coco and Igor* (London, 2002)

Griffiths, Graham, *Stravinsky's Piano: Genesis of a Musical Language* (Cambridge, 2013)

Griffiths, Paul, *Igor Stravinsky: 'The Rake's Progress'* (Cambridge, 1982)

—, *Stravinsky* (New York, 1993)

Grigoriev, S. L. [Sergey Leonidovich], *The Diaghilev Ballet, 1909 – 1929*, trans. and ed. Vera Bowen (London, 1953)

Hill, Peter, *Stravinsky: 'The Rite of Spring'* (Cambridge, 2000)

Jordan, Stephanie, *Stravinsky's Dances: Re-visions Across a Century* (Alton, Hampshire, 2007)

Joseph, Charles M., *Stravinsky Inside Out* (New Haven, CT, 2002)

—, *Stravinsky and Balanchine: A Journey of Invention* (New

Haven, CT, 2002)

—, *Stravinsky's Ballets* (New Haven, CT, 2011)

Lederman, Minna, ed., *Stravinsky in the Theatre* (New York, 1949)

Levitz, Tamara, *Modernist Mysteries: 'Perséphone'* (New York, 2012)

—, ed., *Stravinsky and His World* (Princeton, NJ, 2013)

Libman, Lillian, *And Music at the Close: Stravinsky's Last Years, a Personal Memoir* (New York, 1972)

Messing, Scott, *Neoclassicism in Music: From the Genesis of the Conceptthrough the Schoenberg/Stravinsky Polemic* (Rochester, NY, 1988)

Nabokov, Nicolas, *Igor Strawinsky* (Berlin, 1964)

Oliver, Michael, *Igor Stravinsky* (London, 1995)

Schaeffner, André, *Strawinsky* (Paris, 1931)

Scheijen, Sjeng, *Diaghilev: A Life*, trans. Jane Hedley-Prôle and S. J. Leinbach (London, 2009)

Schloezer, Boris de, *Igor Stravinsky* (Paris, 1929)

Straus, Joseph N., *Stravinsky's Late Music* (Cambridge, 2001)

Stravinsky, Igor, *An Autobiography (1903 – 1934)* (London, 1990). English translation first published 1936 (no translator given). Originally published in French as *Chroniques de ma vie* (Paris, 1935)

—, *Poetics of Music in the Form of Six Lessons*, trans. Arthur Knodel and Ingolf Dahl (Cambridge, MA, 1947). Originally published in French as *Poétique musicale* (Cambridge, MA, 1942)

Stravinsky, Igor, and Robert Craft, *Conversations with Igor Stravinsky* (London, 1959)

—, *Memories and Commentaries* (London, 1960, reprinted 1981)

—, *Expositions and Developments* (London, 1962, reprinted 1981)

—, *Dialogues and a Diary* (Garden City, NY, 1963)

—, *The Rite of Spring Sketches, 1911–1913* (London, 1969)

—, *Themes and Conclusions* (London, 1972)

Stravinsky, Vera, and Robert Craft, *Stravinsky in Pictures and*

Documents (London, 1979)

Strawinsky, Théodore and Denise, *Au coeur du foyer: Catherine et Igor Strawinsky, 1906–1940* (Bourg-la-Reine, 1998), trans. by Stephen Walsh as *Stravinsky: A Family Chronicle* (London, 2004)

Taruskin, Richard, *Stravinsky and the Russian Traditions: A Biography of the Works through 'Mavra'* (Oxford, 1996)

—, *Defining Russia Musically* (Princeton, NJ, 1997)

Vlad, Roman, *Stravinsky*, trans. Frederick and Ann Fuller (London, 3rd paperback edn, 1985). First published in Rome in Italian in 1958

Walsh, Stephen, *The Music of Stravinsky* (Oxford, 1988)

—, *Stravinsky: 'Oedipus Rex'* (Cambridge, 1993)

—, *Igor Stravinsky: A Creative Spring. Russia and France, 1882–1934* (London, 2000)

—, *Stravinsky: Second Exile. France and America, 1934–1971* (London, 2006)

Watkins, Glenn, *Pyramids at the Louvre: Music, Culture, and Collage from Stravinsky to the Postmodernists* (Cambridge, MA, 1994)

White, Eric Walter, *Stravinsky: The Composer and His Works* (London, 2nd edn, 1979)

部分唱片和影像作品目录

斯特拉文斯基的音乐录制成果丰硕,开始于他自己在 1920 年代初为自动钢琴打孔纸卷"录制"的原创和改编作品,以及他在 1920 年代晚期指挥自己俄罗斯芭蕾作品的首次录音。他一生多次灌录自己的核心作品。最全面的录音版本是由作曲家本人和罗伯特·克拉夫特共同录制的 22 张 CD——《伊戈尔·斯特拉文斯基作品集》(*Works of Igor Stravinsky*,2007 年,索尼 88697103112),收录了从早期《降 E 大调交响曲》至晚期《猫头鹰和小猫咪》在内的作品。这套 CD 是《斯特拉文斯基:录音遗产》(*Stravinsky: The Recorded Legacy*)的再版,也就是 1982 年为庆祝作曲家诞辰 100 周年而发行的一套 31 张 LP 唱片套装。

以下列出的 CD 和 DVD(按发行日期顺序排列)只是斯特拉文斯基音乐的一小部分知名诠释版本。

Movements for Piano and Orchestra: Moscow Conservatoire Orchestra, Sviatoslav Richter, Yuri Nikolaevsky (Russian Revelation 10093, 1998)

Sonata for Two Pianos; Concerto for Two Pianos; *The Rite of*

Spring (four-hand version): Benjamin Frith, Peter Hill (Naxos 8553386, 2000)

Oedipus Rex: Jessye Norman, Philip Langridge, Bryn Terfel, Saito Kinen Orchestra, Seiji Ozawa (Philips DVD Video 0743077, 2005)

'Stravinsky Plays Stravinsky: Masters of the Piano Roll', including Piano Sonata: (Dal Segno DSPRCD007, 2005)

'Stravinsky 125th Anniversary Album': Violin Concerto; *Zvezdolikiy*; *Symphonies of Wind Instruments*; *The Rite of Spring*: Jennifer Frautschi, Orchestra of St Luke's, Philharmonia Orchestra, Robert Craft (Naxos 8557508, 2007)

Symphony in C; *Symphony of Psalms*; Symphony in Three Movements: Rundfunkchor Berlin, Berliner Philharmoniker, Sir Simon Rattle (EMI 2076300, 2008)

'Stravinsky in Moscow 1962', including *Fireworks*; *Petrushka* suite; *Ode*; *Orpheus*: Moscow State Philharmonic Orchestra, USSR State Symphony Orchestra, Igor Stravinsky (Melodiya MELCD1001604, 2009)

'Boulez Conducts Stravinsky': 6 – CD set (DG 4778730, 2010)

'Music Dances: Balanchine Choreographs Stravinsky', including danced excerpts from *Apollo*, *Agon*, etc. (George

Balanchine Foundation DVD Video, 2010)

The Rake's Progress (David Hockney designer, John Cox director): Miah Persson, Topi Lehtipuu, Matthew Rose, Glyndebourne Chorus, London Philharmonic Orchestra, Vladimir Jurowski (Opus Arte DVD Video OA1062D, 2011)

'Stravinsky-Ansermet: The First Decca Recordings', including *Firebird* suite, 1949, and *The Rite of Spring*, 1950 (Australian Eloquence ELQ4803775, 2012)

Firebird suite, *The Rite of Spring*: historic first recordings conducted by Stravinsky in the late 1920s (Pristine Audio Pasc 387, 2013)

Les Noces, and other choral works: New London Chamber Choir, New London Chamber Ensemble, The Voronezh Chamber Choir, James Wood (Helios CDH55467, 2014)

Le Sacre du printemps, *Petrushka*: Les Siècles, François-Xavier Roth (Actes Sud ASM15, 2014)

致谢

我万分感谢瑞阿克森出版社（Reaktion Books）的玛莎·杰伊（Martha Jay），是她一开始建议我写作这本评传，并且在等待本书完成过程中表现出无尽耐心。我还要感谢瑞阿克森出版社苏珊娜·杰伊斯（Susannah Jayes）和艾梅·塞尔比（Aimee Selby）的热心支持。

我希望本书能秉承它所在丛书的精神，提供一种新的批判性视角来解读主人公的非凡人生、时代和音乐。尽管如此，它也深受此前出版的诸多传记影响。尤其值得一提的是最近重塑了21世纪对于这位20世纪知名作曲家理解的两项研究，即理查德·塔拉斯金颠覆认知的《斯特拉文斯基与俄罗斯传统》（1996）和斯蒂芬·沃尔什详实的两卷本传记（1999和2006）。若无他们不懈的学术研究，我自己的工作根本无法开展。

诸多朋友与同事以不同的方式传递的善意与宽容，让这本书变得比它原本可能的样子好出许多，他们是：布西与霍克斯出版社的大卫·艾伦比（David Allenby），罗莎蒙德·巴特赖特（Rosamund Bartlett），乔安娜·布利温特（Joanna Bullivant），监督我缓慢俄语进展的奥尔加·卡宾（Olga Carbin），莫林·卡尔（Maureen Carr），埃里克·克拉克（Eric Clarke），爱丽丝·克罗斯（Alice Cross），艾玛·克罗斯（Alice Cross），约翰和玛格丽特·克罗斯（John and Margaret Cross），丽贝卡·克罗斯（Rebecca Cross），劳伦斯·德雷福斯（Laurence Dreyfus），大卫·加拉格尔（David Gallagher），格雷厄姆·格里菲斯，给予我支持和鼓励并屡屡救我于公共场合失言尴尬的保罗·格里菲斯，朱利安·约翰逊（Julian Johnson），塔玛拉·利维茨（Tamara Levitz），安·麦凯（Ann McKay），彼得·麦克马林（Peter McMullin），吉莉安·摩尔（Gillian Moore），乌尔里希·莫斯（Ulrich Mosch），阿什莫林博物馆（Ashmolean Museum）的卡罗琳·帕尔默（Caroline Palmer）和吉姆·萨姆森（Jim Samson），以及巴塞尔保罗·萨赫尔基金会（Paul Sacher Stiftung）和牛津大学伯德雷恩图书馆、基督教会学院和音乐系图书馆工作人员的耐心帮助。

我十分感激牛津大学出版社约翰·费尔基金（John Fell Fund）提供的资助，它在我最需要的时候为我赢得了宝贵的写作时间。

图片致谢

作者和出版者希望对提供或允许复制插图资料的以下各方表示感谢：

Alamy: pp. 26 (The Art Archive), 103, 114 (ria Novosti), 131 (Photos 12); Arnold Newman: p. 175; Bridgeman Images: p. 17 (Ashmolean Museum, University of Oxford); Corbis: pp. 9 (Bettmann), 90 (Leemage), 95 (Hulton-Deutsch Collection), 187 (Jerry Cooke), 218 (Marvin Koner); Jean-Pierre Dalbéra: p. 109; Dutch National Archives, The Hague: p. 237; Getty Images: p. 156 (Sasha); © David Hockney/photo credit: Richard Schmidt/Collection The David Hockney Foundation: p. 197; Library of Congress, Washington, dc: pp. 1, 3; Nicholas Roerich Museum: p. 63; Pline: p. 107; Rex Shutterstock: p. 64 (Alastair Muir); Shutterstock: p. 21 (irisphoto1).

著译者

作者｜乔纳森·克罗斯 JONATHAN CROSS

英国牛津大学音乐学教授、牛津大学基督教堂学院音乐研究员。他的写作、教学和广播节目涉及广泛意义上20和21世纪音乐相关问题，以及音乐理论和分析。1998年，他广受赞誉的著作《斯特拉文斯基的遗产》出版，还在2003年编辑出版了《剑桥斯特拉文斯基指南》。2016年，他担任伦敦爱乐管弦乐团"斯特拉文斯基：神话与仪式"系列顾问，该系列赢得了英国天空电视台艺术奖古典音乐奖。他目前的研究主要集中在音乐频谱主义上。他曾担任《音乐分析》期刊主编和《格罗夫音乐在线》副主编。2015年，他当选为欧洲科学院院士（MAE），而后在2023年当选为英国科学院院士（FBA）。

译者｜刘娟

英国剑桥大学音乐专业硕士毕业、博士在读。

图书在版编目（CIP）数据

斯特拉文斯基胶囊传 /（英）乔纳森·克罗斯著；刘娟译. -- 上海：上海文艺出版社，2025. --（知人系列）. -- ISBN 978-7-5321-8950-2

Ⅰ. K835.125.76

中国国家版本馆CIP数据核字第20258QD182号

Igor Stravinsky by Jonathan Cross was first published by Reaktion Books, London, UK, 2015, in the Critical Lives Series.

Copyright © Jonathan Cross, 2015

著作权合同登记图字：09-2020-064号

责任编辑：赵一凡
封面设计：朱云雁

书	名：斯特拉文斯基胶囊传
作 者：	[英] 乔纳森·克罗斯
译 者：	刘 娟
出 版：	上海世纪出版集团　上海文艺出版社
地 址：	上海市闵行区号景路159弄A座2楼　201101
发 行：	上海文艺出版社发行中心
	上海市闵行区号景路159弄A座2楼206室　201101　www.ewen.co
印 刷：	浙江中恒世纪印务有限公司
开 本：	787×1092　1/32
印 张：	8.625
插 页：	3
字 数：	140,000
印 次：	2025年7月第1版　2025年7月第1次印刷
Ｉ Ｓ Ｂ Ｎ：	978-7-5321-8950-2/K.483
定 价：	62.00元
告 读 者：	如发现本书有质量问题请与印刷厂质量科联系　T：0571-88855633

I 知人
 cons

知人系列

爱伦·坡：有一种发烧叫活着
塞林格：艺术家逃跑了
梵高：一种力量在沸腾
卢西安·弗洛伊德：眼睛张大点
阿尔弗雷德·希区柯克：他知道得太多了
大卫·林奇：他来自异世界
汉娜·阿伦特：活在黑暗时代

弗吉尼亚·伍尔夫
伊夫·克莱因
伦纳德·伯恩斯坦
兰波
塞缪尔·贝克特
约瑟夫·博伊斯
贝托尔特·布莱希特
德里克·贾曼
康斯坦丁·布朗库西

香奈儿胶囊传

托马斯·曼胶囊传

斯特拉文斯基胶囊传

雨果胶囊传

（即将推出）

麦尔维尔胶囊传

三岛由纪夫胶囊传

爱森斯坦胶囊传

马拉美胶囊传

欧姬芙胶囊传

克尔凯郭尔胶囊传

聂鲁达胶囊传